대한망국사열전

大韓亡國史列傳

노상익 저

정은주 · 김진균 · 이은영 역

학자원

이 책은 성균관대학교 동아시아학술원의 연구비를 지원받아 제작되었다.

일러두기

1. 항목별로 일련번호를 부여하고 항목에서 다루고 있는 인물을 표제명으로 제시하였다.
2. 항목별로 표제 인물의 생몰년 · 자호 · 본관 및 이명 등의 부가 정보를 제시하였다.
3. 본문의 인물명에는 생몰년을 밝혀주었다.
4. 외국 고유명사는 원국적의 발음대로 표기하는 것을 원칙으로 하였다.
5. 간지로 표기된 연도 및 시각 등에는 괄호 안에 서기 및 24시 간제를 제시하였다.
6. 본문의 국내 지명에는 도(道)를 밝혀 적었다.
7. 본문의 내용만으로 파악하기 어려운 주요 사건이나 역사 용어에 대해서는 간략한 주석을 제공하였다.
8. 저본의 명백한 오류는 바로잡고 수정 이유를 주석으로 제시하였다.
9. 저본의 내용을 보완할 수 있는 맥락을【보충해설】을 통해 제시하였다.
10. 중복 항목에 대해서는 상호 참조 표기를 하였다. (예 : 91번 유인석 항목 참조)

목차

대한망국사열전

임오유월이후낭사인

원문

해제

1. 19세기 말에서 20세기 초의 한반도

19세기 말에서 20세기 초 한반도에서는 안팎으로 거대한 힘들이 충돌하며 굉음을 내고 있었고, 많은 사람들이 그 힘에 맞서 부딪치거나 쓸려 스러지고 있었다. 한반도의 외부에는 조선을 전근대적 천하 질서에 묶어두려는 중력과 근대적 세계 질서로 편입시키려는 원심력이 길항하고 있었고, 한반도의 내부에는 이에 대응하여 전근대적 왕조 질서를 고수하려는 관성과 근대적 국민 질서를 수립하려는 저항이 충돌하고 있었다. 한반도의 외부에서는, 오랜 기간 천자국으로 군림하던 청나라가 천하체제의 종주국으로서의 지위를 포기하지 않고 조선을 속국으로 규정하며 조선의 독자적 외교활동을 부정했고, 동아시아 지역에서 새로운 패권을 노리는 일본은 조선을 청나라로부터 분리시켜 일본의 꼭두각시로 만들려는 기획을 실현하려고 하였다. 이에 대응하여 한반도 내부에서는, 조선 생존의 방략을 어느 방향에서 찾을 것인가를 놓고 근대계몽과 수구보수의 갈등이 발생하고, 친청 · 친러 · 친일 등 외교 방략의 쟁투가 벌어졌다. 그 와중에 부패한 정권에 시달려온 민중들의 저항은 물론 무능한 정권에 대항하는 양반 계급의 항쟁도 속출하였다.

1875년 일본은 조선과의 충돌을 야기하기 위해 운요호(雲揚號)를 파견하였고, 조선은 일본의 의도에 말려들어 운요호를 공격하였다. 이 운요호 사건을 빌미로 일본은 1876년 강화도에서 불평등 조약을 강제로 체결하고, 이어서 서양 각국과도 통상 조약을 맺도록 유도하였다. 소위 한반도의 개화기(開化期)가 시작된 것이다. 개화기를 맞은 조선에서는 일본에 신사유람단(紳士遊覽團)을, 청나라에 영선사(領選使)를 파견하여 주변국의 개국 통상 제도들을 수용해보려 노력하였다. 청나라의 제도를 모방하여 군국기무(軍國機務)를 총괄하는 통리기무아문(統理機務衙門)을 설치하고, 일본식 제도를 모방한 신식 군대를 설치하기도 하였다. 그러나 개국 통상 이전에 조선 왕조의 발목을 잡는 뿌리 깊은 폐단은 전혀 개혁할 의지를 보이지 않았다. 결국 왕족과 고위관료의 착복으로 급료조차 지급받지 못하던 구식 군대의 반란인 임오군란이 1882년 발생하였다. 무능한 왕조는 임오군란을 계기로 일본과 청나라에 대한 굴욕 외교를 더욱 악화시켰다. 결과적으로 친청파와 친일파의 대립이 심화되어, 1884년 친일 급진개화파에 의한 갑신정변이 발생하게 되었다. 갑신정변 수습 과정에서 조선에 변란이 발생할 경우 동시에 개입할 것을 내용으로 하는 톈진조약(天津條約)이 청과 일본 사이에 맺어지게 된다.

거대한 폐단으로부터 또 다른 거대한 비극이 시작되었다. 1894년 전라남도 고부군수(古阜郡守) 조병갑(趙秉甲, 1844~1911) 역시 당시 여타의 탐관오리들처럼 탐욕을 과하게 실현하였다. 그러나 고부 백성들은 여타의 탐관오리 치하의 백성들처럼 견뎌 내지만은 않았다. 백성들의 항의 과정에서 동학농민전쟁이 촉발되었다. 급조된 농민부대가 관군을 무찌르며 왕조의 무능에 정면으로 도전하게 된 것인데, 무능할뿐더러 무책임했던 왕조는 청나라에게 진압을 요청하였고, 톈진조약에 의거하여 일본도 한반도에 동시 진출하였다. 이를 계기로 일본과 청나라, 한반도에 야욕을 품고 있던 두 나라의 군대가 조선 땅 한반도에서 전쟁을 벌이게 된 것이다. 1895년의 청일전쟁에서 일본이 승리함으로써, 조선에 대한 청나라와 일본 사이의 긴장은 끝난다. 그 사이에 죽창으로 무장했던 거대한 동학농민부대는 근대식 화기(火器)로 무장한 소규모 일본 군대에게 처절하고 잔인하게 소탕되었다. 심지어 봉기한 농민군을 역적으로 취급하는 조정의 보수 세력과 인식을 함께하는 각지의 유림들도 자경단을 조직하여 지역의 농민군을 소탕하기도 하였다.

1895년 일본은 자신들을 견제하기 위해 러시아를 끌어들이는 세력의 배후에 있던 민비를 시해하였다. 소위 을미사변이다. 조선의 왕궁에 일본 군대와 자객들이 활보하며 왕비를 포함하는 피해자들을 연쇄 살해함으로써, 조선의 조야에 거대한 공포를 심어주었다. 을미사변으로 주도권을 확보한 일본은 친청 · 친러파를 배제한 채 철저한 친일내각을 구성하였고 단발령 실시 등 일련의 일본식 근대화 법령을 공포하였다. 이때 전국의 유림들은 상소를 올려 민비 시해에 대한 진상 규명 촉구와 함께 국적(國賊)을 처단할 것을 주장하였고, 단발령으로 대표되는 일본의 강제 개화 정책에 대한 반대 또한 강력하게 주창하였다. 이어서 창의소(倡義所) 등을 설치하고, 친일내각을 포함한 일본세력 축출을 위한 의병운동이 전국적으로 발발하였다. 을미의병전쟁이 개시된 것이다.

의병들은 단발령 철폐와 함께 친일내각 및 일본군 축출을 목표로 관청이나 일본인 거주지 등을 공격했다. 유림들이 지도하는 의병들은 왕명을 지니고 온 관군과의 직접 대결을 우회하며, 군수를 항복시키거나 추방한 뒤에 관청이나 향교에 잠시 머물다 대부분 해산했다. 그러나 단발령을 강행하는 군수나 관찰사 · 경무관 등은 적극적으로 처단하기도 하였다. 이때 친일내각과 일본은 관군과 일본 군대를 동원하여 의병 해산 작전을 수행하였다.

한편 고종은 을미의병의 전국적 전개로 인한 혼란을 틈타 자신을 배제하고 내각을 장악한 일본에 반발하는 사건을 일으켰다. 1896년 2월 11일 친러파 이범진(李範晉, 1852~1911) 등과 러시아 공사 베베르(Veber)의 권고를 받아들여 정부를 러시아 공사관으로 옮겨갔던 것이다. 일명 아관파천(俄館播遷)이다. 고종은 그곳에서 약 1년여 간 생활하며 친러내각을 수립하였다. 친러내각은 친일파를 역적으로 단죄하고 단발령을 유예하고 세금을 탕감하는 등 민심 수습에 나섰다. 친러내각의 민심 수습책이 효과를 발하는 동시에 의병의 주력인 농민들이 농사철을 맞이하여 농지로 돌아가게 되어 을미의병은 점차 해소되었다.

1904년 이번에는 한반도를 중심으로 러시아와 일본의 일대 격전이 벌어졌다. 러일 전쟁에서 승리한 일본이 1905년 을사늑약을 체결하고 외교권을 박탈하고 통감부(統監府)를 설치하면서, 1897년 대한제국으로 국호를 바꾼 조선은 실질적인 일본의 보호국으로 전락하였다. 일본의 제국주의적 야욕이 가시화되자, 다시 전국적으로 의병 항쟁이 전개되었다.

1907년 고종은 네덜란드 헤이그 만국평화회의에 이상설(李相卨, 1870~1917) · 이준(李儁, 1859~1907) · 이위종(李瑋鍾, 1887~?)을 밀사(密使)로 보내 을사늑약의 무효와 조선 독립을 주장하고자 하였다. 그러나 일본과 영국의 방해로 고종의 밀사는 회의장에 입장도 못하였다. 이준은 화를 참지 못하고 현지에서 병사하고 말았다.

일본은 헤이그 밀사 사건을 문제 삼아 소위 한일신협약(韓日新協約) 일명 정미7조약을 체결한 뒤, 고종을 강제 퇴위시키고 순종을 즉위시켰다. 이 과정에서 1907년에 조직된 독립운동 단체인 동우회(同友會)를 중심으로 강력한 항쟁이 벌어졌으나, 몽둥이를 든 시위대는 근대식 화기로 무장한 일본 군대에 의해 처참하게 진압되었다. 마침내 일본은 조선에 제국주의적 야욕을 맘대로 펼칠 수 있게 되었다. 이어 일본은 군대를 해산시키고, 저항세력 소탕에 돌입하였다. 일제의 조선 식민화 조치는 실질적으로 마무리 단계에 들어섰고, 오직 형식적인 합병 절차만을 남겨놓게 되었다. 최후의 위기를 직감한 유림과 농민들은 전국적 의병을 규합하여 서울진공작전을 전개하였으나 실패하였고, 그해 9월 일제는 남한대토벌작전을 통해 의병의 완전 소탕을 기도하였다. 이에 의병전쟁에 나섰던 사람들 중 일부는 국경을 넘어 간도에 둥지를 틀고 재기를 모색하게 되었다.

이 사이 1909년 10월 26일 안중근(安重根, 1879~1910)이 초대 통감 이토 히로부미(伊藤博文)를 처단하는 의거를 벌이고, 12월 이재명(李在明, 1887~1910)이 친일 수괴 이완용(李完用, 1858~1926)을 칼로 공격하는 의거를 벌였으나, 일제의 야욕과 친일파의 농단을 꺾을 수는 없었다. 1910년 3월 일제는 토지조사국을 설치하여 토지 약탈의 기반을 마련하였다. 데라우치 마사타케(寺內正毅)가 통감으로 부임하면서, 일제는 헌병경찰제를 시작했다. 그 후 모든 옥내외의 집회 금지령이 내려졌고, 언론은 일제의 검열에 완전히 장악되었다.

형식만 남은 합병조약이 8월 22일 체결되고, 8월 29일 발표되었다. 데라우치 마사타케가 조선총독부 초대 총독에 올랐다. 이로써 국호를 대한제국으로 바꾼 지 13년 만에 519년 역사의 조선왕조는

끝이 나고, 일제강점기가 시작되고 말았다. 고종과 순종이 일본 왕이 주는 이왕(李王)의 작위를 받고 목숨을 부지하게 된 이 대목에서도, 전국 각지 각계각층 사람들은 울분을 토해내며 잇달아 순절하여 일제에 대한 저항의지가 꺾이지 않았음을 드러냈다.

2. 대눌(大訥) 노상익(盧相益)의 생애

19세기 말에서 20세기 초까지 조선에서 벌어진 거대한 변화 과정에서 이(利)를 위해 의(義)를 배반한 자들도 많았지만, 의(義)를 위해 이(利)를 버린 분들도 많았고, 목숨조차 포기한 분들도 적지 않았다. 『대한망국사열전』은 목숨조차 아끼지 않았던 분들의 짧은 기록들을 모아놓은 것이며, 이 책의 저자 대눌(大訥) 노상익(盧相益) 자신도 의를 위한 고단한 삶을 마다하지 않고 가졌던 특권마저 내려놓으셨던 분이다.

노상익(1849~1941)의 자는 치삼(致三)이고, 호는 대눌(大訥) · 모헌(某軒) · 이사노인(梨社老人)이며, 본관은 광주(光州)이다. 첨지중추부사(僉知中樞府事)를 지낸 노필연(盧佖淵, 1827~1885)과 숙부인(淑夫人) 창녕성씨(昌寧成氏) 사이에서 1849년 11월 12일 경상남도 김해의 생림면(生林面) 금곡리(金谷里)에서 태어났다. 숙부 우당(愚堂) 노호연(盧滈淵, ?~?)에게로 출계(出系)한 영남의 대학자 소눌(小訥) 노상직(盧相稷, 1855~1931)이 노상익의 친동생이다.

노상익은 16세 때 동생 노상직과 함께 김해부사로 부임한 성재(性齋) 허전(許傳, 1797~1886)의 문하에서 수학하였다. 성재 허전은 조선 중기 퇴계(退溪) 이황(李滉)과 남명(南冥) 조식(曺植)의 학문을 겸하여 계승한 한강(寒岡) 정구(鄭逑)로부터 시작하여, 성호(星湖) 이익(李瀷)을 거쳐, 순암(順庵) 안정복(安鼎福)과 하려(下廬) 황덕길(黃德吉)로 이어지는 학맥의 적통으로 인정받는 분인데, 흔히 그의 학맥을 근기남인(近畿南人) 학맥이라 하여 영남남인(嶺南南人)의 학맥과 대비하여 지칭한다. 성호 이익으로 대표되는 실학적 경세론이 근기남인학의 핵심이라고 할 수 있을 것이다. 노상익이 영남 출신이면서도 근기남인의 학맥 적통인 성재 허전에게서 배운 것은 가벼운 우연이 아닐 것이다. 노상익은 스승 성재 허전으로부터 경(敬)으로써 내면을 곧게 하고 의(義)로써 외면을 바르게 하라는 '직내방외(直內方外)', 관직에 나아가서는 임금을 섬기는 도리를 다하라는 '사군지도(事君之道)', 백성들에게 은혜를 베풀라는 '택민지술(澤民之術)', 도가 행해질 때에만 관직에 나아가라는 '출처지의(出處之義)'에 대한 가르침을 받았다.

1882년 34세 때 문과에 급제한 후, 승문원권지부정자(承文院權知副正字)·성균관전적(成均館典籍)·사헌부지평(司憲府持平) 등을 역임했다. 그 후 1884년에는 부친상을, 1886년에는 모친상과 스승의 상을 연이어 당했다. 1892년 다시 기용된 노상익은 사헌부장령(司憲府掌令)을 거쳐 사헌부전적(司憲府典籍)을 역임하던 중, 1894년 갑오개혁이 일어나자 낙향한 뒤 거주지를 경상남도 밀양으로 옮긴 후 후학 양성에 힘썼다. 1905년 홍문관시강(弘文館侍講)에 제수되어 다시 관직에 나아갔으나 임금이 경연(經筵)을 오래도록 열지 않자 녹봉(祿俸)을 반납하고 사직 상소를 올린 후 밀양으로 돌아왔다. 그 후 다시는 관직에 나아가지 않았다.

1906년 이토 히로부미가 부산을 방문했을 때 일본군 헌병대에 의해 영남루(嶺南樓)에 구금되었다가 풀려났다. 일제에 의해 요주의 인물로 지명되어 있었던 것이다. 또 1910년 강제 합방 직후 일제가 고위 양반들의 환심을 사기 위해 지급한 은사금(恩賜金)을 거부했다가 태룡동파견소(泰龍洞派遣所)에 구금되었는데, 단식으로 저항하자 풀려났다. 그 이후 일제로부터 일거수일투족을 감시당했다.

1911년 11월 환갑을 넘긴 나이의 노상익은 망명을 결심하였다. 선조들의 위패(位牌)를 모신 사당(祠堂)에 하직 인사를 올리고 11월 17일 압록강을 건넜다. 당시 일제의 감시를 피해 서간도(西間島)에 도착한 노상익의 짐은 헤진 이불 한 채와 낡은 책 두서너 권이 전부였다. 곧이어 뒷정리를 마무리하고 떠나온 동생 노상직이 가족들과 함께 서간도에 도착했다. 이때부터 두 형제는 서간도에서 함께 망명생활을 이어갔다.

1912년 7월 노상익은 서간도의 안동현(安東縣, 현 단둥(丹東)) 접리수촌(接梨樹村)에 집을 짓고 집의 이름을 '모헌(某軒)'이라고 했다. 망국민으로서 차마 이름을 붙일 수 없어 '아무개'라는 뜻의 '모(某)'자를 붙인 것이다. 그런데 그 해 11월 노상익은 슬하에 아들이 없어 양자로 들인 동생 노상직의 장남 노식용(盧寔容, ?~1912)을 망명지에서 잃었다. 이때 가족 모두를 잃을 수 없다고 판단한 노상익은 동생 노상직에게 후학 양성의 임무를 맡으라며 귀국을 종용하였다. 형의 명을 거역할 수 없던 노상직은 1913년 1월 선조들의 위패를 모시고 고국으로 돌아가 영남에서 존경받는 스승의 삶을 살았다.

그 후 노상익은 망명지에서 이승희(李承熙, 1847~1916)를 주축으로 펼쳐진 유교개혁운동인 '동삼성(東三省) 한인공교회(韓人孔敎會)' 발기인(發起人)으로 동참하였다. 1914년 무렵에는 안효제(安孝濟)·

이경일(李慶一)·채희동(蔡熙東)·이건승(李建昇)·황규현(黃主顯)·박상림(朴尙林)·안형원(安衡遠)과 함께 서구결사(西溝結社)를 맺고 「서구결사록(西溝結社錄)」을 작성했다. 그해 노상익은 안효제·맹보순(孟輔淳) 등과 함께 일제의 「군자금 모집 관련 요주의(要注意) 한인(韓人) 명부(名簿)」에 이름이 올랐다.

1919년 고종이 승하하자 노상익은 망명지에서 3년간 상복을 입었다. 이 무렵 동생 노상직이 파리 강화회의에 조선 독립을 청원하는 파리장서(巴里長書)에 유림대표 137명 중 한 사람으로 서명을 했다가 옥고를 치렀다. 망명지에 있던 노상익에 대한 일제의 감시는 이로써 더욱 심해졌다. 이런 상황에서 1922년 노상익은 일제로부터 또다시 군자금 모집 관련 인물로 지목되어 더 이상의 활동이 불가능해졌다. 활동이 불가능한 상황에서 다른 망명객들에게 폐를 끼치느니, 차라리 고국으로 돌아가는 것이 낫겠다는 판단을 할 수밖에 없었다.

11년 동안 이어오던 망명생활을 접고 급히 환국한 노상익은 경상남도 김해의 금곡에 천산재(天山齋)를 짓고 두문불출하였다. 그 사이 1931년 노상익은 자신을 아버지처럼 따르던 동생 노상직을 잃었다. 그 자신은 1941년 9월 16일 93세를 일기로 생을 마감하였다. 그리고 그는 1942년 3월 유림장(儒林葬)으로 천산재 뒷산에 모셔졌다. 2017년 8월 15일 독립유공자로 지정된 후, 그의 시신은 국립현충원으로 이장되었다. 노상익이 생전에 저술한 책은 『대눌수권(大訥手卷)』·『도강록(渡江錄)』 등 30여 책에 이른다. 대부분의 책은 서간도 망명지에서 지어졌다. 『대눌수권』을 제외한 책은 모두 필사본(筆寫本)으로 전해지고 있다.

조선왕조 말기의 관료로서 자기 책임을 위해 노력을 다하다가,

나라가 망한 뒤에는 망명지에서 자기가 할 수 있는 노력을 다하고, 귀국 후에는 두문불출하는 것으로 일제 치하의 세상과 타협하지 않으려는 노력을 다한 노상익의 삶은, 『대한망국사열전』의 마지막 편으로 삼을 만한 것이리라.

3. 『대한망국사열전(大韓亡國史列傳)』에 대하여

노상익은 망명지에서 저술 활동에도 힘썼다. 그 저술 중 하나가 박은식(朴殷植, 1859~1925)의 『한국통사(韓國痛史)』를 축약하고 재편집한 『통사절요(痛史節要)』 일명 『한사절요(韓史節要)』이고, 이 책의 뒷부분에 열전 형식으로 수록된 것이 『대한망국사열전』이다. 『대한망국사열전』에 수록된 인물의 다수는 『한국통사』에 기록된 인물들의 행적을 재편집한 것이며, 일부는 노상익 자신이 취재한 것이다. 이 열전의 부록으로 「임오유월이후낭사인(壬午六月以後浪死人)」이 수록되어 있다. 「임오유월이후낭사인」에 수록된 인물들은, 임오군란 이후부터 대한제국 수립 이전까지 사망한 인물들을 다루고 있다. 큰 틀에서 보면 『대한망국사열전』과 그 부록에 수록된 인물들은 모두 조선왕조 말기 길항하고 충돌하는 거대한 힘들에 저항하거나 올라탔다가 목숨을 잃은 사람들이다.

『대한망국사열전』은 노상익이 일제와 타협하는 삶 대신 저항할 수 있는 방법을 찾고자 떠나간 망명지에서, 망국의 상황에서 다양한 모습으로 대처한 인물들의 행적을 기록한 것이다. 전직 관료의 시선에서 조선 망국에 대한 기록이 있어야 한다는 판단이 있었을 것이다.

『대한망국사열전』에 수록된 인물들은 1905년 을사늑약 체결로 일본의 속국이 된 것을 개탄하며 순절한 주영서리공사(駐英署理公使) 이한응(李漢應, 1874~1905)부터 1919년 신임 총독을 습격한 강우규(姜宇奎, 1855~1920)까지이다. 그 가운데에는 나라와 운명을 함께 해야 하는 전·현직 관료를 비롯해, 독립운동에 직간접적으로 가담한 인물의 행적은 물론, 나라에 목숨 바칠 명분이 있던 인물도 아닌 소금 장수, 농부 및 술집 노파에 이르는 하층 인물들의 행적까지 수록되어 있다. 그밖에 망한 조선을 보고 중국인들에게 경종을 울리기 위해 자결한 중국인 판쭝리(潘宗禮, 1866~1905)의 행적도 실려 있다.

부록인 「임오유월이후낭사인」은 1882년 임오군란 이후 객사한 인물들의 행적을 기록한 것이다. 「임오유월이후낭사인」에는 임오군란 때 성난 군인들에게 철퇴를 맞아 죽은 이최응(李最應, 1815~1882)부터 경기도 용인(龍仁)에서 백성들에게 맞아 죽은 어윤중(魚允中, 1848~1896)까지이다. 그 가운데 홍영식(洪英植, 1855~1884)과 박영효(朴泳孝, 1861~1939)·김옥균(金玉均, 1851~1894)의 이름 위에는 반역을 범했다는 의미의 '범역(犯逆)'이라는 글자가 쓰여 있고, 농상대신(農商大臣) 정병하(鄭秉夏, 1849~1896)의 이름 위에는 죽어 마땅하다는 의미의 '당사(當死)'가 쓰여 있다.

본편 마지막에 서술된 강우규 편은 서술이 중단되어 있고, 부록도 사망 순서가 뒤죽박죽으로 배치되어 있다. 이처럼 『대한망국사열전』은 미완성본이다. 그것 자체로 별도의 가치가 있을 것이다. 『대한망국사열전』이 다른 독립운동사 자료와 차별되는 점은 국내에서보다 자료 수집이 어려웠던 망명지에서의 기록이며, 망명지 기록임에도 불구하고 상당히 정확하게 기록되었다는 점이다. 감상적인 내용이나 핵심적인 내용에서 다소 벗어난 주변 상황에 대한 서술은 지양하고 망국의 시점에서 보여준 한 인물의 특정 행실에 대해 객관적 사실만을 집중적으로 요약 정리했다는 점에서 다른 저서들과 다르다. 비록 『대한망국사열전』이 미완성본이기는 하지만 이러한 점에서 가치를 인정받아 마땅하다.

현재 19세기 말에서 20세기 초 한반도에서 벌어진 일들을 현장에서 기록한 책으로 알려진 것은, 황현(黃玹, 1855~1910)의 『매천야록(梅泉野錄)』과 정교(鄭喬, 1856~1925)의 『대한계년사(大韓季年史)』, 송상도(宋相燾, 1871~1946)의 『기려수필(騎驢隨筆)』과 조희제(趙熙濟, 1873~1938)의 『염재야록(念齋野錄)』, 그리고 박은식의 『한국통사』 등에 불과하다. 그런데 이 기록들 사이에는 인명이나 내용의 일부가 착종되어 나타나는 경우도 있다. 이는 저자들이 각자 처한 상황에서 자료 수집의 한계를 극복할 수 없었던 조건 때문인 것으로 추정된다. 따라서 노상익의 『대한망국사열전』을 다른 자료들과 아울러 검토한다면 구국독립운동 연구 자료가 더욱 풍부해질 것이다. 여기 언급된 다른 자료는 대개 우리말 번역이 이루어졌지만, 『대한망국사열전』은 아직까지 번역되지 않았었다. 이제 이 책을 통해 함께 검토할 기반이 만들어졌음을 다행으로 여긴다.

대한망국사열전

大韓亡國史列傳

001

이한응 李漢膺

1874~1905, 자 경천敬天, 호 국은菊隱, 본관 전의全義, 이명 이한응李漢應

이한응(李漢膺)은 곤양군수(昆陽郡守) 이경호(李璟鎬, ?~1895?)의 아들이다. 18세에 영어 공부를 마쳤으며, 31세에 주영(駐英) 서리공사(署理公使)[1]의 사무를 맡았다. 을사년(1905) 5월 12일 런던에서 약을 먹고 자결하였다. 그 집안사람에게 유서를 남겼다.

"아, 나라가 주권이 없고, 사람으로 평등함을 잃었으니, 무릇 교섭에서의 치욕이 망극하리라. 진실로 혈기가 있다면 참고 견딜 수 있겠는가. 아, 종묘사직은 장차 폐허가 되고, 민족은 장차 노예가 될 것이다. 구차하게 목숨을 부지해봐야 그 욕됨이 더욱 심해질 뿐이다. 차라리 속히 죽는 것이 더 낫지 않겠는가? 이것을 결심하였으니 다시 다른 말은 운운할 것 없다."

---

1 서리공사(署理公使) : 서리(署理)는 결원이 생겼을 때 직무를 임시 대행하는 사람을 가리킨다. 공사(公使)는 대사(大使)의 아래 관직을 일컫는 말이다.

영국과 일본은 처음에 연맹을 맺으면서 '한국 독립'이라는 문구를 만들었다. 그런데 러일 전쟁이 끝나자 영국과 일본이 조약을 개정하면서 일본이 한국을 보호하는 것을 선포하였으니, 저들의 눈에 한국이 없는 지 오래되었다. 영국 사람은 평소 교만하여 비슷하게 부강한 나라일지라도 오로지 깔보고 업신여기는 태도가 있으니, 한국에 대해 반드시 망국(亡國)의 노예로 볼 것이었다. 마침내 약을 먹고 죽었다.

【보충해설】

이한응은 1892년 관립영어학교(官立英語學校)인 육영공원(育英公院)을 졸업하고, 1899년 관립영어학교 교관을 지냈다. 1901년 영국 · 벨기에 양국주차공사관(英白兩國駐箚公使館) 3등 참사관(三等參事官)에 임명되어 런던으로 부임했다. 1904년 주영공사 민영돈(閔泳敦, 1863~1919)이 귀국하게 되면서 서리공사(署理公使)로 활약했다. 1905년 4월 대한제국의 외교권을 일본에 위임한다는 결정이 내려진 후 청나라 주재 한국공사관이 폐쇄된 것을 시작으로, 5월에는 영국 주재 한국공사관이, 7월에는 미국 주재 한국공사관이 폐쇄되었다.

이에 이한응은 각국 공사들을 만나 대한제국은 독립국임을 피력하고자 하였으나 영 · 일동맹을 통해 일본을 편들었던 영국의 노골적인 방해로 주영한국공사관의 외교력은 실효를 거두지 못했다. 이에 울분을 참지 못한 이한응은 망국을 개탄하는 유서를 남기고 자결하였다.

당시 영국에서는 이한응의 시신과 그가 남긴 금시계 등의 유품을 인천의 영국계 무역회사인 홈 링거 양행(咸陵加洋行, Holme, Ringer & Co.)으로 보냈고, 집안에서는 이를 수습해서 장사지냈다.

1962년 건국훈장 독립장이 추서되었다.

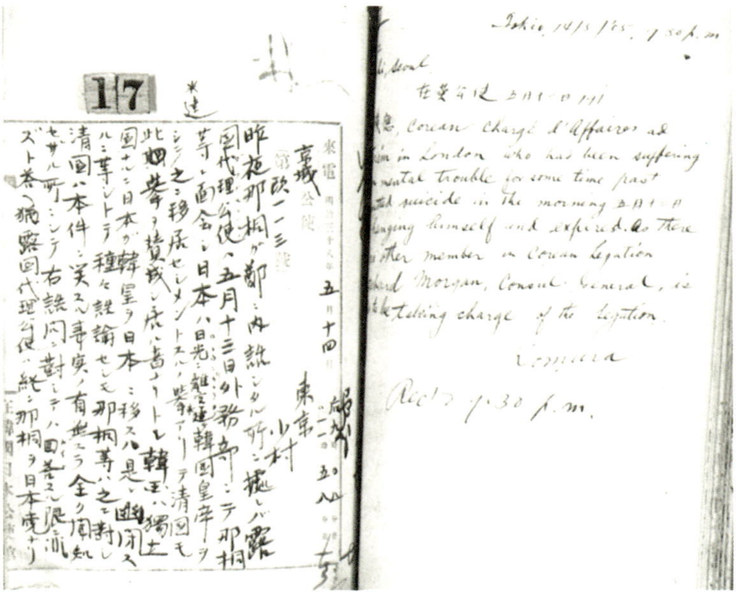

일본 정보기관의 이한응 자결 보고서 ©국사편찬위원회

002

한규설
韓圭卨

1848~1930, 자 순우舜佑, 호 강석江石, 본관 청주淸州

한규설(韓圭卨)은 전영사(前營使)[2] 한규직(韓圭稷, 1845~1884)의 동생이다. 을사년(1905) 11월 이토 히로부미(伊藤博文, 1841~1909)가 을사늑약을 협박 체결할 때, 한규설은 참정대신(參政大臣)[3]으로서 죽기를 각오하고 항의했다. 그때 이완용(李完用, 1872~1937) 등이 일본인들과 함께 일을 벌이니, 사태가 어찌될지 헤아릴 수 없었다. 임금이 한규설에게 말하였다.

"최대한 신중하라."

한규설이 울면서 대답하였다.

"사람으로서 죽지 않는 사람이 없으며, 나라로서 망하지 않

2 전영사(前營使) : 친군전영(親軍前營)의 수장. 조선말기에 청나라 군제를 모방하여 친군영을 설치하고 좌·우·전·후·별영으로 나누었는데, 그중 교련소 역할을 하는 친군전영의 수장을 전영사라고 하였다. 한규설의 형 한규직은 1884년에 친군전영사에 임명되었다.

3 참정대신(參政大臣) : 조선말기 의정부의 직책. 의정대신의 다음으로 서열 2위였다.

는 나라는 없습니다. 진실로 군신(君臣)이 함께 죽는다면, 사직(社稷)이 망하더라도 또한 천하에 할 말이 있을 것입니다."

일본인들에게 구금을 당하였고, 나라가 망한 후엔 작위(爵位)와 돈을 받지 않았다.

【보충해설】

한규설은 서울 출신으로 무과에 급제하였다. 1883년 전라좌수사, 1884년 경상우수사, 1885년 금군별장, 1887년 한성부판윤, 1896년 법부대신 등 여러 고관을 역임하였다. 1898년에는 독립협회의 지지를 받아 중추원 의장으로 임명되었다가, 이듬해 정부의 탄압으로 독립협회가 해산되면서 해임되었다. 1901년 궁내부 특진관에 이어 이듬해 다시 법부대신에 임명되었다. 1905년 을사늑약을 반대하다가 수옥헌(漱玉軒, 당시 의정부 청사)에 감금되기도 하였다. 합방 후 일제의 작위를 거절하였다. 이후 이상재(李商在) 등과 1922년 조선민립대학기성회, 1923년 조선교육협회를 창립하며 민립대학 설립 운동을 벌이기도 하였다.

한규설 ⓒ위키미디어

장교동 한규설 가옥 ©문화재청

003

장지연
張志淵

1864~1921, 자 화명和明 · 순소舜韶, 호 위암韋庵 · 숭양산인崇陽山人,
본관 인동仁同, 초명 장지윤張志尹

장지연(張志淵)은 『황성신문(皇城新聞)』 사장으로 집필을 공정하게 하여 세상에서 모두 강직하다고 일컬었다. 보호조약이 하룻밤 만에 이루어졌는데, 상세한 정황이 알려지지 않아 민심이 어지러웠다. 장지연은 신문사 동료들과 모의하였다.

"오늘 이루어진 조약은 우리나라의 존망과 관계된 큰일이다. 만약 그 사실을 게재하여 폭로하지 않는다면, 교활한 일본인이 반드시 우리 군신(君臣) 상하가 협정에 합의했다고 빙자하여 천하를 속이고 협박과 강제로 맺은 정황을 없애버릴 것이다. 그러니 우리가 비록 죽더라도 미룰 수 없다."

이에 조약을 체결한 전말에 대해 대서특필하여 상세하게 한 편을 기록했다. 또 사설 한 편을 짓고 제목을 「시일야방성대곡(是日也放聲大哭)」이라고 하였는데, 피눈물이 지면에 가득했고 쏟아낸 말이 수천 마디였다. 그런데 만약 일본 경찰의 검열을 받게 되면 한 장도 발행되지 못하고 다만 그들의 노여움만 사게 될 뿐이었다. 바로 그날 밤에 만 장까지 늘려서 인쇄하고 검열을 거치지 않고 직접 다니면서 배포하였다. 사람을 시켜 경성(京城) 안팎을 두루 다니면서 집집마다 빼놓지 않고 던졌다. 각 곳의 여관과 정거장에도 또한 그렇게 했다. 그리고 밤새도록 비통하게 술을 마셨다.

다음날 아침 일본 경관들이 신문사 건물에 쳐들어와서 신문을 압수하고 기계를 봉쇄하고는 장지연을 체포해서 경무청으로 끌고 갔다. 경관이 물었다.

"너는 검열을 위반하는 것이 죄가 되는 것을 알지 않는가?"

"알고 있다."

경관이 말했다.

"알면서 어찌 일부러 죄를 지었는가?"

장지연이 말했다.

"이것이 나의 직분이다. 나는 내 직분을 행했을 뿐이니 죽어도 피하지 않을 것이다."

경관이 마침내 더이상 심문하지 않았고, 구금된 지 70일이 지나서 석방되었다.

【보충해설】

장지연은 대한제국기에 활동한 언론인이다. 1895년 일제가 민비를 시해한 을미사변(乙未事變)이 일어나자 의병궐기 호소 격문을 각처에 발송했고, 1896년의 아관파천(俄館播遷) 때에는 고종 환궁을 요청하는 만인소(萬人疏)를 기초하기도 했다. 1898년 9월, 『황성신문(皇城新聞)』이 창간되었을 때 기자로 활동하다가 이후

주필이 되었고 1902년 8월에는 사장으로 취임하였다.

1905년 11월 17일 을사늑약이 체결되자 사태의 심각성을 깨달은 장지연은 황성신문 1905년 11월 20일자에 논설 '시일야방성대곡(是日也放聲大哭)'을 게재하고 전국에 배포하였다.

이 논설은 일본의 국권침탈과 을사5적(乙巳五賊)을 규탄해 국민 총궐기를 호소하는 내용이었다. 일제의 검열을 받지 않고 황성신문을 배포한 일로 인해 장지연은 일본 경관에 체포되어 70여 일간 투옥되었으며, 신문은 압수당하고 1906년 2월 12일까지 정간되었다. 구한말 지식인 황현(黃玹)은 『황성신문』에 대해 당시 시정을 공격하고 인물을 비판하는 데 거리끼는 바가 없어서 사방에서 다투어 서로 사보려고 했다고 기록한 바 있다.[4]

장지연은 사후 「시일야방성대곡」을 게재하는 등 언론인으로서 일본 침략에 저항한 공을 인정받아 1962년에 대한민국 건국훈장 국민장이 추서되었다. 그러나 『매일신보』에 연재했던 친일 성향의 글로 인해 2011년 4월 서훈이 취소되었다. 2012년 1월 20일 법원은 해당 서훈의 취소 결정을 다시 무효처리하였다.

---

4 황현 지음, 임형택 외 옮김, 『역주 매천야록』 상, 문학과지성사, 2005, 545면.

皇城新聞

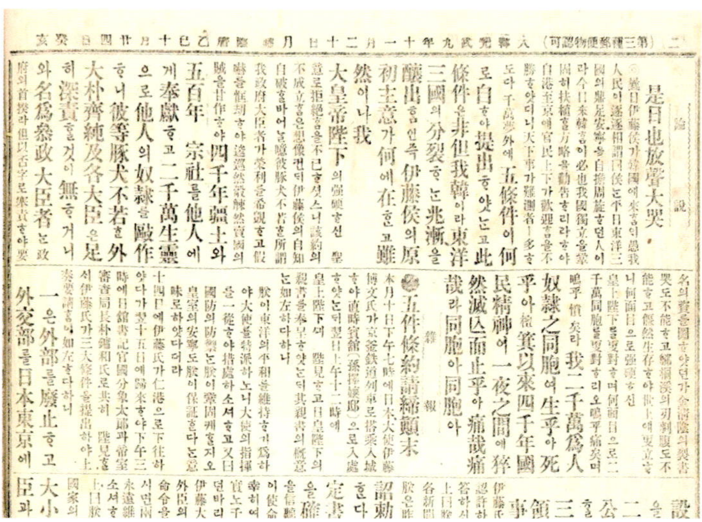

是日也放聲大哭

1905년 11월 20일 『황성신문』의 1면(좌)과 2면(아래) ⓒ국립중앙도서관

2면 1단에 '시일야방성대곡(是日也放聲大哭)'이 보이며 그 하단에 조약 체결 전말에 대한 기사가 실려 있다.

004

안병찬 安秉瓚

1854~1921, 자 치규穉圭, 호 규당規堂, 본관 순흥順興,
이명 안병찬安秉燦 · 안병찬安炳燦 · 한일선韓一善[5]

안병찬(安秉瓚)은 당시 법부주사(法部主事)[6]였는데, 도끼를 가지고 대궐에 엎드려 상소를 올렸다.

"신은 오직 임금의 명을 기다려 이 도끼로 나라 팔아먹은 오적(五賊)의 머리를 베어버리겠습니다."

언어가 매우 격렬했다. 일본 순사가 구속해서 경무청에 집어넣었는데 수금된 지 70여 일 만에 석방되었다.

【보충해설】

안병찬은 1895년 단발령 소식에 의병을 일으킬 것을 도모하였으나 배반자의 밀고로 구속되었다. 이때 안병찬은 머리를 깎여 치욕 받을 것을 염려하여 칼로 자신의 목을 찔러서 나온 피로 혈

---

5 → 41번 안병찬 항목 참조

6 법부주사(法部主事) : 법부(法部)는 1895년 조선에서 법무 행정을 관장하기 위해 설치한 관청이고, 주사(主事)는 사무를 주관하는 관직명이다.

서(血書)를 써서 감옥을 지키고 있던 병사들을 두렵게 만들고는 바로 기절했다. 깨어나 자신의 목에 붙어 있는 치료제가 일제라는 것을 알고 떼어버렸다. 얼마 후 고종의 특지로 석방되었다. 1905년 을사늑약이 체결되자 도끼를 가지고 덕수궁 대한문(大漢門) 앞에서 을사늑약 파기 및 을사오적 처단 요구 상소를 올리다 체포되어 70여 일 만에 풀려났다. 당시 감옥에 있을 때도 조금도 굴하는 모습이 없자 일본사람들이 열장부(烈丈夫)라고 불렀다.

1909년 10월 26일 안중근이 이토 히로부미 저격 사살 사건으로 뤼순 법정에서 재판을 받을 때 자진 변호를 맡기도 하였다. 그러나 뤼순 법정에서는 일본 측 관선변호사의 변론만 받아들이고 안병찬의 변론은 일체 받아들이지 않았다. 그해 12월 22일 매국노 이완용을 처단하려다 미수에 그친 일로 체포된 이재명(李在明, 1887~1910)을 위해서도 자진 변호에 나섰다.

1963년 건국훈장 독립장이 추서되었다.

005

민영환 閔泳煥

1861~1905, 자 문약文若, 호 계정桂庭, 본관 여흥驪興

민영환(閔泳煥)은 자가 문약(文若), 호는 계정(桂庭)이고, 보국(輔國)[7] 민겸호(閔謙鎬, 1838~1882)의 아들이다. 을사년(1905) 참정(參政)[8]으로 임명되었다가 일본인들의 요구에 반대했다는 이유로 체직되어, 시종무관장(侍從武官長)[9]으로 이직되었다. 이해 10월 경기도 용인에 가서 전부인 김씨의 묘를 이장하고 서울로 돌아왔는데, 일본의 보호조약이 체결되어 있었다.

통곡하며 피를 토하다가, 마침내 조병세(趙秉世, 1827~1905)

7 보국(輔國) : 정1품 하의 품계인 보국숭록대부(輔國崇祿大夫)를 말함. 민영환의 부친 민겸호는 1879년 지중추부사(知中樞府使)의 직으로 보국숭록대부의 품계에 가자되었다.

8 참정(參政) : 참정대신(參政大臣). 민영환은 1905년 을사늑약 당시 참정대신 겸 외무대신에 제수되었다.

9 시종무관장(侍從武官長) : 원문의 "侍武官長"은 "侍從武官長"을 가리킴. 1904년 궁내부 군사비서기능을 담당하는 시종무관부를 설치하였으며, 민영환은 1904년부터 시종무관장을 맡고 있었다.

등 여러 신하들과 궐 앞에 엎드려 연명으로 상소를 올리며 간쟁했다. 임금의 엄명을 여러 번 받으면서도 물러나지 않았다. 11월 1일 아침 잠시 집에 돌아가 아들들을 불러 앞에 두고는 큰아들 민범식(閔範植, ?~?)의 등을 어루만지며 말했다.

"언제쯤 네가 성장한 것을 보게 될까?"

곧이어 교동(校洞)으로 가서 어머니 서씨에게 절을 올리고 다시 궐 앞으로 달려갔다. 이날 저녁 조병세가 일본 병사에게 압송되어 갔다. 민영환은 그를 대신하여 소수(疏首)[10]가 되어 괴롭게 호소하기를 쉬지 않으니, 임금으로부터 체포하여 심문하겠다는 명이 있어서 처벌을 대기하다가 석방되었다.

다시 소청(疏廳)[11]을 옮겨 설치하고 여러 사람들과 다음날 다시 만날 것을 약속하고 해산하였다. 민영환은 옮겨 설치한 소청의 옆집으로 옮겨가서 주위 사람들을 물리쳤다.

"나는 자야겠다."

하인 한 명만 옆에 두었다. 어스름한 새벽에 하인에게 말했다.

"나가서 세숫물을 떠오너라."

하인이 나가자마자 문을 잠그고 칼을 꺼내 제 몸을 찔렀는데 칼이 짧아 깊이 박히지 않았다. 다시 단단히 잡고 목에서 배까지 마구 찌르기를 멈추지 않으니, 피가 흘러 방을 가득 채우고서야 죽었다. 하인이 슬프고 고통스러운 소리를 듣고 문을 부

10 소수(疏首) : 연명 상소의 대표자.

11 소청(疏廳) : 연명 상소를 모의하기 위해 상소 집행부가 임시로 설치하던 기구.

수고 들어갔는데, 칼이 여전히 손안에서 살아 있는 듯 꿈틀거리는 것을 보았다.

바로 11월 4일 묘시(05시)였다. 이때 큰 별이 서쪽으로 떨어졌고, 까치 백여 마리가 무리지어 울었다. 유서 두 편이 옷깃 속에 있었는데 한 편은 국민에게 고하는 것이었고, 한 편은 각국 공사에게 고하는 것이었다. 임금이 민영환의 죽음을 듣고는 놀라고 슬퍼하며 영의정에 추증하고 충정(忠正)이라 시호하였다. 정려문을 세울 것도 명하였다.

【보충해설】

민영환은 서울 출신으로 고종의 외사촌 동생이며, 그의 중부(仲父) 민승호(閔升鎬)는 민치록(閔致祿)의 계자로 입적되어 민비의 친정 오빠가 되었다. 1874년 민승호가 의문의 폭탄 사고로 사망하자, 그의 부친 민겸호가 민비를 등에 업은 척족 세력의 중심으로 등장하였다가 1882년 임오군란 당시 성난 군졸들에 의해 살해되었다. 이 사건으로 성균관 대사성 직에 있던 민영환은 사직하였다. 1887년 호조판서, 1888년 병조판서, 1893년 한성부윤을 거쳐, 1895년 주미 전권대사(駐美全權大使)에 임명되었는데 이해 을미사변으로 민비가 살해되자 미국으로 부임하지 않고 낙향하였다. 1896년 러시아황제대관식 특명전권공사가 되었고, 이듬해 6개국 특명전권공사가 되었다. 독립협회에서 민영환을 이상설과 더불어 가장 신뢰하는 관료로 추천하기도 한 것을 통해 보면, 척족 세력으로 전횡을 일삼던 그의 친족들과 달리 그는 개화파 지식인들의 여망을 받고 있었던 듯하다.

위 기사에서는 1905년 당시 소청을 옮겨 설치했다고만 했는데 장소는 구체적으로 종로에 있던 육의전(六矣廛)의 백목전도가(白木廛都家)로 알려져 있으며, 옮긴 소청의 옆집이라고만 한 집은 구체적으로 민영환의 본가인 것으로 알려져 있다. 민영환의 자결 소식과 유서 내용이 전해지자 당시 많은 인사들이 일제에 항거하는 뜻으로 자결을 이어나갔다.

1962년 건국훈장 대한민국장이 추서되었다.

민영환 ©국사편찬위원회

006

조병세 趙秉世

1827~1905, 자 치현穉顯, 호 산재山齋, 본관 양주楊州

조병세(趙秉世)의 자는 치현(穉顯)이고, 호는 산재(山齋)이다. 성품은 질박하고 곧으며 충직하고 굳셌으며 겉치레를 하지 않았다. 내외직을 두루 역임하였는데 가는 곳마다 공적을 쌓았다. 재상에 제수되어서는 곧은 행동으로 존중을 받았다. 갑오년(1894)에 관직에서 물러나 경기도 가평의 고향집으로 돌아갔다. 을사늑약이 체결되었다는 소식을 듣자 크게 통곡하며 말했다.

"나라가 망했구나."

서둘러 달려서 서울에 들어가 임금 뵙기를 청하고 통곡하며 주청했다.

"나라는 한 사람이나 한 집안의 사유물이 아닙니다. 그러므로 중대한 일이 있으면 비록 임금이라도 독단하지 못했습니다. 우리 조종(祖宗)에서 만든 법에는 반드시 전 · 현직 대신(大臣), 2품 이상 관원 및 지방에 있는 유신(儒臣)들과 널리 의논한 다음에 결정해서 실행했습니다. 지금 일본 공사가 요청한 5개 조항은 매우 중대한 것인데, 한두 명의 신하가 성상의 뜻을 받들지도 않고 국법을 따르지도 않고 제멋대로 가부(可否)를 결정하여 나라를 적들에게 넘겨준단 말입니까? 법을 멸시하고 나라를 팔아먹은 죄는 만 번 죽더라도 오히려 가볍습니다. 주무대신(主務大臣) 박제순(朴齊純, 1858~1916)부터 승인 서명한 각 대신들까지 속히 국법대로 처형하여 공론(公論)에 보답해야 합니다. 즉시 조칙을 내리시어 해당 조약을 무효화시키고 각 나라에 성명을 내십시오. 만약 윤허하지 않으신다면 신은 차라리 대궐 섬돌에 머리를 찧고 죽겠습니다."

임금이 목에 병이 있다고 사양하며 만나주지 않자, 어쩔 수 없이 물러나와 집으로 돌아갔다. 마침내 백관들을 거느리고 대궐 앞에 엎드려 연명으로 상소를 올렸는데, 바로 일본 헌병에게 체포되어 신문을 당했다. 얼마 안 되어 표훈원(表勳院)[12]으로 돌아가서 사람들에게 말했다.

"내가 여기까지 온 것은 순국을 굳게 결의한 것인데, 하물며 이렇게까지 모욕을 받았으니 더 말해 무엇하겠는가?"

즉시 유소(遺疏)의 초안을 적어 옷 속에 간직해놓고, 또 나라의 백성에게 고하는 유서와 각국 공사에게 알리는 서한을 작성

12 표훈원(表勳院) : 대한제국 때에 훈장·포장 등에 관한 일을 담당하던 관청. 1894년에 충훈부(忠勳府)를 기공국(紀功局)으로 고쳐 의정부에 예속시켰으나, 1900년에 표훈원을 설치하여 독립시켰다. 표훈원에 표훈국과 제장국(制章局)을 두어 업무를 관장했으나, 1905년 표훈국과 제장국은 폐지되고 표훈원은 1910년에 폐지되었다.

하고 마침내 독약을 먹고 죽었다. 부음을 듣고 임금이 놀라고 슬퍼하며 충정(忠正)이라는 시호를 내리고 정려(旌閭)를 세울 것을 명했다.

【보충해설】

조병세가 순국한 장소인 표훈원(表勳院)은 현재 서울시 종로구 인사동2길 가나아트스페이스 뒤편에 자리했던 곳이다. 당시 주소는 경성부 관훈동 118번지로 〈경성부시가강계도(京城府市街疆界圖)〉(1914)에 표훈원의 위치가 표기되어 있다. 표훈원에 대해서는 동아일보 1924년 7월 4일자 '내동리 명물 : 관훈동 충훈부'라는 기사에 "안동(安洞) 네거리에서 사동(寺洞)으로 내려가자면 얼마 안 가서 왼편에 허술한 대문이 있고, 그 안으로 들어가면 얼마 안 가 옛집 한 채가 있는데 이 집이 충훈부 또는 표훈원이라 부르는 곳이다"라고 되어 있다. 이곳은 독립협회의 대항단체로 1898년 7월 보부상을 동원해 조직한 황국협회(皇國協會)의 사무소 터이기도 하다.

조병세에게는 1962년 건국훈장 대한민국장이 추서되었다.

삼충단(三忠壇) ©가평군청 백재웅

경기도 가평의 운악산 현등사 입구에는 구한말 일제의 무단 침략에 항거하다 자결한 조병세(趙秉世) · 최익현(崔益鉉) · 민영환(閔泳煥) 등 세 충신의 고귀한 정신을 추모하기 위해 세운 삼충단(三忠壇)이 있다. 삼충단은 1910년 가평의 유림들이 설립한 것으로, 일제시대에는 밤중에만 제사 지내다가 6 · 25 때 폐지되었다. 이후 1989년 복원되었으며 매년 11월 25일에 추모제를 거행하고 있다. 삼충단은 현재 가평군 향토유적 제12호로 지정되어 있다.

007

홍만식 洪萬植

1842~1905, 자 백헌伯憲, 호 호운湖雲, 본관 남양南陽

홍만식(洪萬植)은 고(故) 영의정 홍순목(洪淳穆, 1816~1884)의 아들이다. 일찍 과거에 급제하고 내 · 외직을 두루 역임했는데, 맑고 삼가며 단정하고 신중해서 사람들은 정승이 될 만하다고 했다. 갑신정변[13] 때 동생 홍영식(洪英植, 1855~1884)이 연루되었다는 이유로 해도(海島)로 유배되었다가 풀려났다. 조정에서는 그가 무죄였음을 가엾게 여겨 수차례 관직을 내려주었으나 굳게 사양하고 나아가지 않으며, 항상 폐인(廢人)을 자처했다. 물러나 경기도 여주(驪州)에 있다가 일본인이 조약을 강제한 변고를 듣자 강개하여 눈물을 떨구며 말했다.

"나라의 욕됨이 이 지경에 이르렀는데 한 사람도 바다에 빠져 죽는 자[14]가 없단 말인가?"

13 갑신정변(甲申政變) : 김옥균(金玉均), 박영효(朴泳孝), 홍영식(洪英植) 등의 급진 개화파가 정부를 세우기 위해 1884(고종 21)년에 일으킨 정변을 가리킨다.

마침내 약을 먹고 자결했다.

【보충해설】

1884년 갑신정변 때 동생 홍영식이 정변에 가담했다가 대역죄로 처형되자 생부 홍순목이 자결했다. 이때 홍만식 또한 자결을 결심했으나 생부가 죽기 전에 만류하여 실행하지 못했다. 그 후 자진해서 투옥되었다가 다음 해 임금의 특명으로 풀려났다.

1894년 갑오경장 때 부친과 함께 사면령이 내려졌다. 그 후 조정에서 수차례 관직을 제수하였으나 끝까지 나아가지 않고 여주에서 은둔생활을 이어갔다. 1895년 을미사변 때에도 자결을 하려다 실행치 못했다. 1905년 을사늑약이 체결되자 구차하게 목숨을 연명하다 못 볼 꼴을 보았다며 죽음을 택하기로 했다. 당시 아들에게 자신의 장례를 관료가 아닌 일개 선비의 예로 흰색 수의(壽衣)와 흰색 관으로 장사지내고 상식(上食)도 물만 올릴 것을 명한 후, 독약을 마시고 자결하였다. 이 소식을 들은 조정에서 참정대신(參政大臣)에 추증하고, 충정(忠貞)이라는 시호를 내려주었다.

1962년 건국훈장 독립장이 추서되었다.

---

14 노중련(魯仲連)의 고사에서 기인한 말이다. 제(齊)나라 선비 노중련이 조(趙)나라에 가 있을 때 진(秦)나라 군대가 조나라의 수도인 한단(邯鄲)을 포위하였는데, 이때 위(魏)나라가 장군 신원연(新垣衍)을 보내 진나라 임금을 황제로 섬기면 포위를 풀 것이라고 회유했다. 이에 노중련이 "진나라가 방자하게 황제를 칭한다면 나는 동해(東海)에 빠져 죽겠다."라고 하자, 진나라 장군이 이 말을 듣고 군사를 50리 뒤로 물렸다는 고사가 있다.

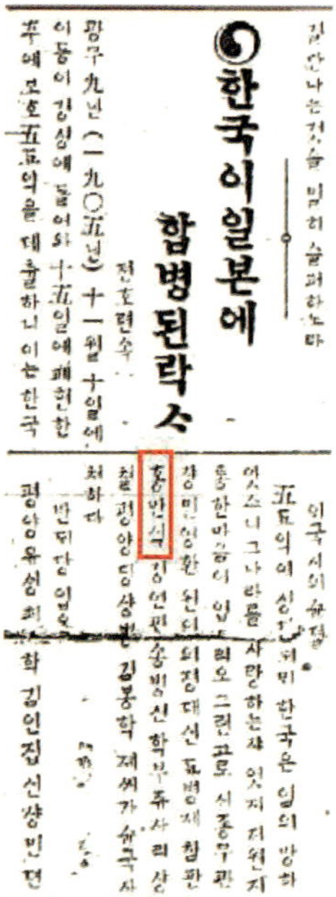

감안나는것슬 밀히 슬퍼하노라

◉한국이일본에 합병된락ᄉ

전호련속

광무九년(一九○五년) 十一월 十일에 이등이 경성에 들어와 十五일에 폐현한 후에 모호五五의을 대출하니 이는 한국

외국서의 슈절

五五의에 상ᄒ 위 한국은 일의 방하엇스니 그나라를 사랑하는재 엇지 저원지 통한바ᄋ이 업ᄉ리오 그런고로 시종무관장 민영환 원임 의정대신 조병세 참판 홍만식 김연편 송병신 학부쥬사 리상철 평양딩상병 김봉학 제씨가 슌국ᄒ사 처하다

一반뒤당 일우

평상우성회 학 김인집 선생빈면

1915년 9월 2일 『신한민보』의 홍만식 서거 기사
ⓒ국립중앙도서관

홍만식 위패가 모셔진 전북 진안의 영광사(永光祠)
ⓒ한국학중앙연구원 한국향토문화전자대전

008

이상철
李相哲

?~1905, 자 미상, 호 미상, 본관 미상

이상철(李相哲)은 강개한 선비였다. 당시 학부주사(學部主事)[15]였는데 나라가 날로 위급해지는 것을 보고 자주 슬피 울며 밥도 먹지 않았다. 이때에 이르러 밤새 통곡하였다.

"나라가 망하고 백성이 노예가 되었으니 죽는 것보다 못하다."

약을 먹고 죽었다. 임금이 듣고는 학부협판(學部協判)[16]에 추증하고 정려(旌閭)하였으며 휼전(恤典)을 베풀게 하였다.

【보충해설】

정려문은 풍속을 권장하기 위해 국가가 모범으로 표창한 충신 · 효자 · 열녀 등이 사는 마을 입구나 집 앞에 세우던 붉은 색의

15 학부주사(學部主事) : 조선왕조 말기 학술과 출판 및 교육을 관장하던 학부(學部)의 말단 관료.

16 학부협판(學部協判) : 학부의 차관급 관원. 학부대신에 이어 학부 내에서 서열 2위의 자리이다.

문이다. 흔히 홍살문(紅箭門)이라고도 했다. 권장해야 할 도덕의 범주에 따라 충(忠)이나 효(孝) 혹은 열(烈) 등의 글자를 홍살문 위에 적어두어 다른 사람이 뉘우치고 본받게 하는 취지를 담고 있다. 이상철처럼 국가의 위기에 항거의 뜻으로 자결한 분들에게 왕명으로 정려를 한다는 것은 국가의 잘못된 결정이라는 위기에 자결을 권장한다는 의미가 되기도 하여, 을사늑약을 전후로 한 시기 길을 잃은 조선왕조 말기의 행정을 착잡한 심경으로 돌아보게 만든다.

이상철에게는 1962년 건국훈장 독립장이 추서되었다.

정려문 ©한국민족문화대백과사전 한국학중앙연구원

009

김봉학
金奉學

1871~1905, 자 미상, 호 미상, 본관 미상

김봉학(金奉學)은 평양 징상대(徵上隊)[17]의 병사로 사람됨이 순박하고 진실했다. 일찍이 나라를 위해 목숨을 바칠 뜻을 품었는데, 충정공(忠正公) 민영환(閔泳煥, 1861~1905)이 죽었다는 소식을 듣고 눈물을 흘리며 흐느끼면서 말했다.

"대대로 나라의 녹봉을 받은 신하라면 진실로 이와 같아야 한다. 나는 비록 미천한 일개 병사이나 또한 군인인데도 나랏일에 목숨을 바치지 못했으니, 구차하게 목숨을 부지한다면 또한 부끄럽지 않겠는가?"

독약을 먹고 죽었다. 임금이 듣고 예관(禮官)을 보내어 제사 지내게 하고, 비서승(秘書丞)[18]을 추증하고 4등의 공훈을 내렸다. 또 정려(旌閭)를 세울 것을 명했다.

17 징상대(徵上隊) : 대한제국기, 평양의 진위대로서 서울에 올라와 있던 군대.

18 비서승(秘書丞) : 대한제국기, 비서감(秘書監)과 비서원(秘書院)의 한 벼슬.

【보충해설】

김봉학의 최후에 대해서는 다른 저술에서도 보이는데 내용상 차이가 있다. 황현의 『매천야록』에는 김봉학에 대해 강제조약이 체결된 후 민영환·조병세의 자결 소식을 듣고 비탄에 잠겨 통곡하며 칼에 엎어져 죽은 것으로 기록되어 있다. 그리고 그의 사후에 참령(參領) 홍창길(洪昌吉)과 정위(正尉) 전면조(全冕朝)가 곡문(哭文)을 지었으며, 임금도 그를 가엽게 여기고 정3품 법부참서관(法部參書官)에 증직하고 4등의 공훈을 내렸다고 하였다.

이기(李沂)의 『해학유서(海鶴遺書)』에는 「김봉학전(金奉學傳)」이 수록되어 있어 그의 전생애를 조감하는 데 참고가 된다. 이기는 김봉학에 대해 해서(海西) 황주(黃州) 사람으로 소개하고, 젊었을 때 병사가 되어 상대(上隊)에서 6년 동안 있었다고 하였다. 또한 김봉학은 성품이 곧아서 남을 속이지 않았고 또 문자도 잘 알아 무엇이든 할 일이 있으면 발을 벗고 달려가 한 번도 회피하는 일이 없었다. 그 후 을사년 10월에 조약이 체결되자 김봉학은 같은 부대 동료들을 돌아보며 "국가에서 금전과 군량을 투자하여 우리들을 양성하는 것은 위급한 일을 대비하기 위한 것입니다. 그렇다면 지금 종사(宗社)가 곧 망할 처지에 놓여 있는데 탄환 하나를 적에게 쏘지 못하고 있으니 이것은 이미 그 직책을 잃은 것이므로 죽기에 족한 일입니다" 하고, 손을 옆에 차고 있던 전대 속으로 넣어 엄지손가락 크기 만한 검고 둥근 아편을 꺼내서 삼키고, 절명(絕命)했다고 하였다.

1962년 건국훈장 독립장이 추서되었다.

010

송병선 宋秉璿

1836~1905, 자 화옥華玉, 호 연재淵齋 · 동방일사東方一士, 본관 은진恩津

송병선(宋秉璿)의 호는 연재(淵齋)이고, 산림(山林)의 선비로서 경연관(經筵官)에 선발되었다. 일본인이 억지로 조약을 맺었다는 소식을 듣고 격렬한 언어로 상소를 올렸다. 윤허를 받지 못하자 곧장 궁성(宮城)에 와서 수차(袖箚)[19] 10조(條)를 아뢰며 말했다.

"궁궐 섬돌 곁이 바로 신이 죽을 곳입니다. 윤허하지 않으시면 물러나지 않을 것입니다."

임금이 말했다.

"짐이 마땅히 윤허하고 시행할 터이니 잠시 물러가 있으라."

대답했다.

"신은 죽음을 각오하였으니, 청을 들어주지 않으시면 물러날 수 없습니다."

장례원경(掌禮院卿)[20] 남정철(南廷哲, 1840~1916)이 말했다.

19 수차(袖箚) : 임금을 뵙고 직접 바치던 차자(箚子), 곧 상소문.

"윤허하고 시행하시겠다는 말씀이 이미 있었으니, 잠시 궁내부(宮內府)[21]로 물러가 기다리십시오."

다음날 경무사(警務使)[22] 윤철규(尹喆圭, ?~?)가 거짓 칙교(勅教)[23]를 전하면서 말했다.

"임금으로부터 입대(入對)[24]하라는 명이 있었습니다."

그 말을 믿고 영성문(永成門)[25]을 나가자 윤철규가 말했다.

"여기서 수옥헌(漱玉軒)[26]까지는 자못 멀어서 노인이 걸어갈 수 없습니다."

그리고는 가마타기를 청했다. 일본 헌병과 순사들이 한복을 갖춰 입고 에워쌌다. 을사오적(乙巳五賊)이 선생을 해치려고 해

---

20 장례원경(掌禮院卿) : 조선말기, 궁중의 의식, 제향, 종실 등의 일을 맡아보던 장례원의 장관급 관직.

21 궁내부(宮內府) : 조선말기, 왕실에 관한 모든 일을 맡아보던 관청을 가리키는 말.

22 경무사(警務使) : 대한제국기, 경찰과 감옥의 업무를 담당하던 경무청(警務廳)의 최고 관직.

23 칙교(勅教) : 임금의 말.

24 입대(入對) : 임금 앞에 나아가 대면하는 일.

25 영성문(永成門) : 현 덕수궁인 경운궁(慶運宮)의 러시아 공사관 방향인 서북쪽에 만들어진 북문이다. 주로 경운궁의 서북쪽에서 궁궐을 출입할 때 이용했다. 영성문을 통해 외부로 나가면 곧바로 경희궁과 서대문, 종로에 다다를 수 있다. 그밖에 상례(喪禮) 의식을 치를 때도 사용되었다.

26 수옥헌(漱玉軒) : 덕수궁의 별채로 1897년에 지어진 황실도서관이다. 덕수궁에 화재가 난 후 고종이 수옥헌으로 옮겨오면서 중명전(重明展)으로 이름이 바뀌었다. 중명전은 을사늑약이 체결된 장소이다.

서 보호하려 한다는 핑계를 대었다. 가마의 주렴을 내리더니 서문(西門)[27] 밖으로 빠르게 달려나갔다. 일본 병사들은 이에 일본 복장으로 갈아입고 에워싸고 또 칙령이라고 하면서 송병선이 가지고 있던 칼과 옷깃 속에 있던 약물을 빼앗고, 밤새도록 삼엄하게 지켰다. 송병선이 탄식하며 말했다.

"내가 애송이들한테 당했구나."

다음날 아침 번쩍 들어서 기차에 싣고 밤에 충청남도 공주(公州) 태전역(太田驛)[28]에 도착해서야 일본 병사들이 풀어주고 돌아갔다.

송병선은 마침내 충청남도 회덕(會德)의 석촌(石村)으로 들어가 말했다.

"여기는 내 선조들이 오래도록 살던 곳이자, 바로 내가 죽을 장소이다."

---

27 서문(西門) : 현 덕수궁인 경운궁의 서문이다. 미국 대사관 맞은편에 자리한 서문의 본래 이름은 평성문(平成門)이다. 일명 포덕문(布德門)이라고 불렸다.

28 태전역(太田驛) : 옛 소재지는 충북 회덕현(懷德縣) 대전읍(大田邑) 또는 대전군(大田郡) 대전면(大田面)이다. 행정구역개편으로 현 소재지는 대전광역시 동구 중앙로 215이다. 태전(太田)은 '한밭' 또는 '콩밭'을 뜻하며, 1905년 1월 1일 경부선 신설 당시에는 '태전역(太田驛)'이라 하였으나, 이토 히로부미(伊藤博文, 1841~1909)가 "이처럼 지세가 뛰어난 곳에 '태(太)'자까지 쓴다면 일본을 해치는 큰 인물이 날지도 모른다."는 명분 아래 '太'에서 점을 빼라고 하여 '대(大)'자로 고쳐서 오늘날 '대전역(大田驛)'이 되었다는 속설이 전한다.(이은영 · 이채경 · 정은주 · 배종석, 『철로 위에 선 근대 지식인』, 민속원, 2015, 70~71쪽 참조)

그리고는 문인(門人)들을 불러놓고 말했다.

“내가 교활한 왜놈들한테 이렇게까지 모욕을 당했다. 내 한 몸이라면 귀중할 것도 없겠지만 그 모욕이 사림(士林)에게 끼쳐지니 어찌하며, 우리 도(道)에 끼쳐지니 어찌할까!”

마침내 심의(深衣)[29]와 복건(幅巾)[30]을 갖추고, 북쪽을 향해 네 번 절하고 보따리에서 약물을 꺼내 삼키고 죽었다.

부음을 들은 임금은 매우 놀라 애도하며, 충정(忠正) 시호를 내리고, 정려(旌閭)하라고 명했다.

【보충해설】

송병선은 1882년 사헌부(司憲府) 대사헌(大司憲)에 제수되었으나 나아가지 않고, 충청남도 옥천(沃川)에서 후학양성에 힘쓰며 살았다. 1905년 을사늑약이 체결되자 상경하여 을사늑약 파기와 을사오적 처단을 투쟁하다 경무사 윤철규에 의해 강제로 향리로 호송되자 고향인 충청남도 회덕으로 가서 전(全) 국민과 동지(同志)들에게 각각의 유서를 남긴 후, 아편을 복용하고 자결하였다.

송병선은 죽기 전에 조정에 수치만 끼친 자신이 죽으면 지금 입고 있는 옷 그대로 거적에 싸서 장사 지내고, 조정에서 시호를 내리거나 관직을 추증하면 절대로 받지 말 것을 명하고 죽었다. 이에 송병선의 종제(從弟) 송병찬(宋秉瓚, 1837~?)이 조정에서 송병

29 심의(深衣) : 예전에, 선비가 입던 웃옷.

30 복건(幅巾) : 예전에, 유생들이 도포에 갖추어서 머리에 쓰던 쓰개의 하나.

선에게 내려준 시호를 거두어줄 것을 청했으나 받아들여지지 않은 사실이 있다.

참고로 저본에는 송병선에게 충정(忠正) 시호가 내려진 것으로 기록되어 있다. 그러나 『고종실록』에는 문충(文忠) 시호가 내려진 것으로 확인된다.

송병선에게는 1962년 건국훈장 독립장이 추서되었다.

송병선의 동생 송병순(宋秉珣, 1839~1912) 또한 경술국치 후인 1912년 일제가 경학원(經學院) 강사로 임명하자 이를 치욕으로 여기고 자결하였다.

송병순에게는 1977년 건국훈장 독립장이 추서되었다.

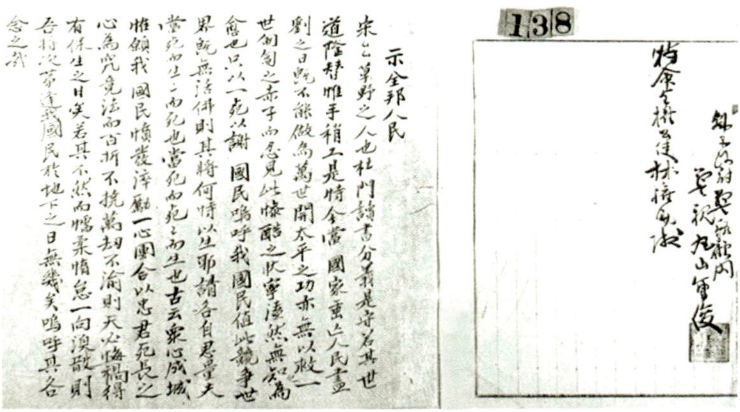

송병선이 전국민에게 남긴 유서 ©국사편찬위원회

011

판쭝리 潘宗禮

1866~1905, 자 자인子寅, 호 미상, 본관 미상, 중국인

판쭝리(潘宗禮)는 자가 자인(子寅)이고, 중국 순천부(順天府) 통주(通州) 사람이다. 일본에 유학하고 귀국하는 길에 배를 타고 인천항에 들렀다가, 일본인이 한국을 협박하여 보호조약을 체결하였다는 소식을 듣고 또 한국인들이 학대당하는 참상을 보면서 눈물로 목이 메었다. 마침 함께 배를 탔던 상인이 민영환(閔泳煥, 1861~1905)의 유서를 보여주자 판쭝리가 읽고 울면서 말하였다.

"충신이긴 하지만 그의 죽음은 늦은 것이다. 목숨을 버리고 나라를 구하는 것은 모름지기 망하기 전에나 해볼 일인데, 대세가 이미 지났으니 흘린 피가 무슨 소용 있겠는가. 또 생각해 보면 중국과 한국은 입술과 이의 관계이다. 한국이 이미 망했으니 중국 역시 위험한데, 중국 국민들은 여전히 몽매하여 깨닫는 바가 없다. 죽음이 아니면 경고해도 소용이 없겠구나."

이에 시무(時務) 14조를 열거하여 자신의 친구에게 정부에 올릴 것을 당부하고, 기어이 바다에 빠져 죽었으니, 나이 42세

였다.[31]

직례총독(直隸總督)[32] 위안스카이(袁世凱, 1859~1916)가 듣고 그를 의롭게 여겨 곧장 조정에 보고서를 보내 자세히 전하였고, 문장을 지어 조문하였다.

> 우리 선생께서 가셨으니 동포들 어찌하랴.
> 제군들 힘써야 하니 필부도 책임이 있네.

또 만사(輓詞)를 지어 보냈다.

> 가련하도다, 뜻있는 선비 목숨을 가벼이 여김이여,
> 끝내는 성난 파도 되어 큰 바다 흔들었네.
> 그가 바란 것은 백성과 나라가 단결하여
> 함께 광란의 물결 버티는 지주(砥柱)[33] 되는 것이라.

---

31 판쭝리는 1866년생이므로 이 해에 39세였다.

32 직례총독(直隸總督) : 현재의 베이징 · 톈진 · 허베이 · 허난 · 산둥 성 일대를 관장하도록 중국 청나라 때 두었던 관직. 위안스카이는 1901년부터 직례총독 겸 북양대신으로 있었다.

33 지주(砥柱) : 격류 속에도 움직이지 아니한다는 중국 황허강(黃河江)의 돌기둥.

【보충해설】

판쭝리는 『대한망국사열전』에 항목으로 등재된 유일한 외국인이다. 박은식의 『한국통사』에는 인천항에서 온 중국인으로부터 판쭝리의 자결 사실을 듣고 박은식이 지은 뇌사(誄辭)도 기재되어 있고, 『대한매일신보』에도 판쭝리에 대한 도호생(陶湖生, 李炳林)의 애도시도 게재되는 등 판쭝리 사건은 조선에 큰 충격을 주었다. 중국 조정이 그의 장례를 위해 휼전(恤典)을 시행했고, 베이징과 톈진 등에서 그의 추도식을 거행하는 등 중국에서도 큰 파문을 일으켰으며, 사후 그의 『일기』가 간행되고 〈반열사순국(潘烈士殉國)〉이라는 연극도 공연되었다.

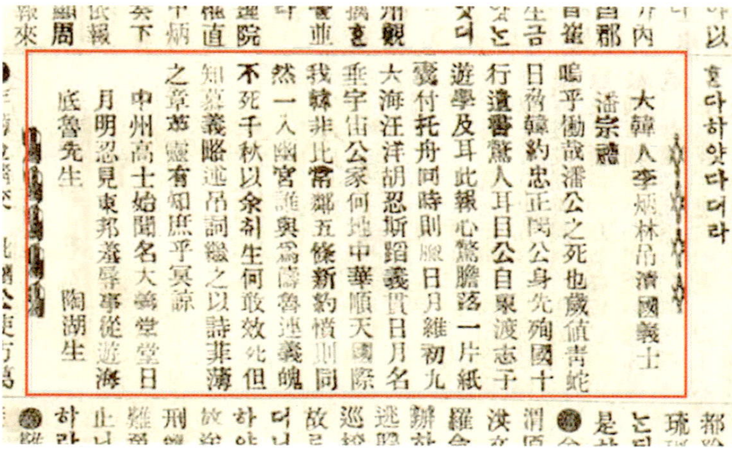

大韓人李炳林吊淸國義士
潘宗禮
嗚乎慟哉潘公之死也歲値靑蛇日爲韓約忠正陶公身先殉國十行遺書驚人耳目公自東渡志乎遊學及耳此報心驚膽落一片紙囊付托舟同時則照日月維初九大海汪洋胡忍斯蹈義貫日月名垂宇宙公家何地中華順天國際我韓非比常鄰五條新約憤則同然一入幽宮誰與爲儔魯連義魄不死千秋以余剎生何敢效死但知慕義略述吊詞繼之以詩菲薄之章英靈有知庶乎冥諒
中州高士始聞名大義堂堂日月明忍見東邦羞辱事從遊海底魯先生 陶湖生

『대한매일신보』 1906년 6월 14일자에 실린 판쭝리 애도시 ©국사편찬위원회

012

최재학
崔在學

?~?, 자 미상, 호 극암克菴, 본관 미상

최재학(崔在學)은 평안남도 평양(平壤) 사람이다. 김인즙(金仁濈, 1890~1950) · 신상민(申尙敏, ?~?) · 전석준(田奭畯, ?~?) 등과 함께 피로 '사수독립(死守獨立)' 네 글자를 쓰고 격문(檄文)을 써서 온 나라 사람에게 알리고는 대궐 앞에 엎드려 상소를 올렸다. 일본 헌병과 순사가 포박해서 끌고 가려고 하자 제생(諸生)들이 성을 내어 꾸짖으며 말했다.

"우리들은 나라를 위해 독립을 사수할 것을 결의했다. 죽으면 죽을 뿐이지, 어찌 너희들에게 포박당하는 모욕을 받겠느냐?"

일본 헌병이 군도(軍刀)로 내리치자 제생들은 더욱 분개하여 맨주먹으로 서슬이 시퍼런 칼날을 막았다. 일본 헌병이 그들을 여러 겹으로 에워쌌다. 신상민이 특히 용감하게 싸워 일본 헌병들을 발로 차서 고꾸라뜨리자 모자가 어지럽게 떨어졌다. 그러자 일본 헌병 한 소대가 달려오더니 제생들을 공격했다. 제생들은 칼에 찔리고 포박을 당했으나 끊임없이 욕을 하면서 우리나라 사람을 향해 크게 '대한국 독립만세(大韓國獨立晩歲)'를 외쳤다. 일본 헌병이 수건으로 그들의 입에 재갈을 물리고 칼로 등을 내리치더니, 비바람 몰아치듯 경무청으로 끌고 가서 70여 일을 가두었다.

【보충해설】

1905년 11월 일제가 을사늑약을 체결하자 최재학은 전덕기(全德基)·이준(李儁)·정순만(鄭淳萬)·이동녕(李東寧) 등과 함께 상동교회(尙洞敎會)에 모여 상소문을 올리기로 결의하고 덕수궁 대한문(大漢門) 앞에서 상소 활동을 전개하였다. 또한 서울 시내에서 일본 경찰과 투석전을 벌이는 격렬한 시위운동을 주도하기도 했다. 이후 애국계몽단체인 서우학회(西友學會)를 비롯하여 여러 학회에 간여하면서 독립운동가로 활동했다. 1908년에 우리나라와 중국 역대 문장가들의 글을 정선한 한문 교과서인 『문장지남(文章指南)』을 엮었다.

013

김하원 金河苑

1888~?, 자 미상, 호 미상, 본관 미상

김하원(金河苑)은 기독교인이다. 이기범(李基範, ?~?) · 차병수(車炳修, 1873~1928) 등과 함께 죽음으로써 국권을 지키자는 뜻이 있었다. 경고문(警告文)을 지어 사거리에 걸어놓고 격렬하게 연설을 하자 구경꾼들이 구름처럼 모여들었다. 일본 헌병과 순사 수십 명이 칼을 휘두르며 갑자기 뛰어들어 뭇사람을 짓밟았다. 김하원 등은 칼날을 무릅쓰고 곧장 앞으로 나가 화난 목소리로 크게 꾸짖어 말했다.

"우리들은 국가 독립을 위해 죽기로 하였다. 죽는 것 또한 영광이다. 속히 나를 죽이라."

이마로 가슴을 들이받자 일본 헌병과 순사들이 칼로 여러 사람을 마구 때리니 혼절해서 땅에 쓰러졌다. 구경꾼들이 격분해서 기왓장과 돌멩이를 마구 던졌다. 일본 헌병들이 군중을 향해 총을 쏘아도 여전히 떠나지 않았다. 이에 헌병들을 더 파견하여 시장 점포를 부수고 뭇사람들을 결박했다. 사령부(司令部)[34]에 구속된 자가 수백 명이나 되었다.

【보충해설】

김하원은 1905년 을사늑약 체결로 대한제국의 외교권이 일본에 위임되자 같은 기독교인 이기범 · 차병수 등과 함께 국권 사수(死守)를 결의하면서 지은 격문 「경고아이천만동포(警告我二千萬同胞)」를 종로 사거리에 걸어놓고 군중들 앞에서 구국 항쟁을 격렬하게 연설했다. 당시 일본 헌병 수십 명의 칼날 앞에서 수백 명이 체포되어 헌병사령부로 잡혀갔다. 이때 거세게 항의하는 군중들을 이끌고 앞장서서 진격하던 김하원 등 세 사람 또한 잡혀가서 곤욕을 치렀다.

2013년 건국훈장 애국장이 추서되었다.

---

34 사령부(司令部) : 1900년 육군참장(陸軍參將) 백성기(白性基)의 건의로 반포된 '육군헌병조례'에 따라 창설된 헌병대를 총괄하던 기관으로, 1905년 일제에 의해 군대가 감축될 때 사령부 · 본부 · 구대(區隊)로 편제가 바뀌었다. 통감부 설치 후 일제가 공식적으로 자신들의 헌병경찰제를 실시하면서 유명무실하게 되었으며, 1907년 군대해산 때 폐지되었다.

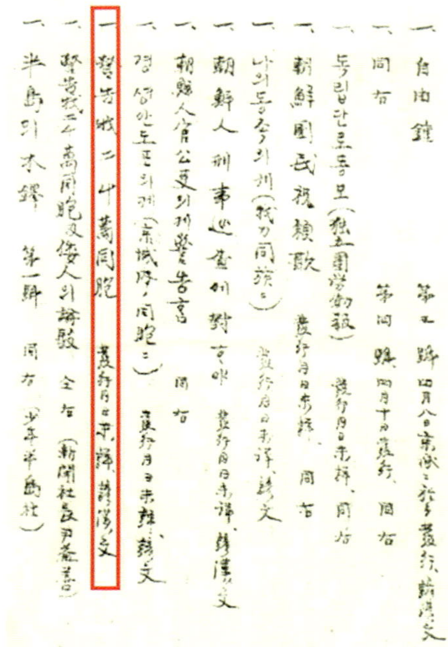

출판물 압수 목록 속의 「경고아이천만동포(警告我二千萬同胞)」 ©국사편찬위원회

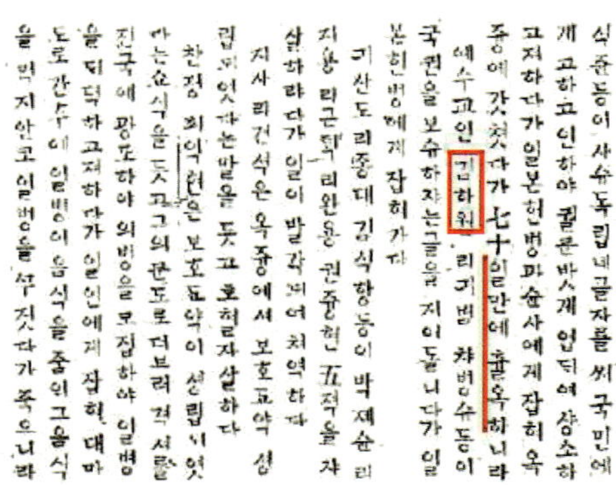

1915년 9월 2일 『신한민보』의 김하원 · 이기범 · 차병수 체포 기사 ©국립중앙도서관

014

김태근 金台根

1882~1950, 자 미상, 호 미상, 본관 미상

김태근(金台根)은 농민이다. 이토 히로부미(伊藤博文, 1841~1909)가 도성 문 밖으로 나가서 경부선 열차를 타고 수원 등지를 유람할 때, 경기도 안양(安養)[35] 정거장에서 열차 안으로 돌이 날아들자 겁이 나 돌아갔다. 돌을 던진 사람을 체포하였는데, 이토 히로부미가 처벌을 가볍게 할 것을 청해서 태형 100대를 맞고 풀려났다.

【보충해설】

저본에는 이토 히로부미가 유람을 위해 안양역에 들른 것으로 되어 있으나, 이 사건이 발생했을 때 이토 히로부미는 을사늑약을 성립시키고 일본으로 귀국하는 길이었다. 이 사건의 거사 인물이 농민이어서 그런지 성명도 정확하게 표기되지 못하였다.

35 안양(安養) : 원문에는 "安陽"으로 표기되어 있으나, "安養"의 오자임.

『대한망국사열전』에는 김태근(金台根)으로 기록되어 있으나, 김태근(金泰根) 혹은 김태우(金泰祐)로 기록된 자료도 있으며, 원태근(元泰根)으로 표기된 자료도 있다. 표제의 생몰년은 국가보훈처의 독립유공자공적조서(관리번호 6500)에 기재된 원태근을 기준으로 적었다.

1990년 건국훈장 애족장이 추서되었다.

1904년 경부철도 개통식 ⓒ위키미디어

015

기산도 奇山濤

1869~?, 자 미상, 호 미상, 본관 행주幸州, 이명 기산도奇山度

기산도(奇山濤)는 이종대(李鍾大, ?~?)·김석항(金錫恒, ?~?) 등 11명과 함께 을사오적(乙巳五賊)인 박제순(朴齊純, 1858~1916)·이지용(李址鎔, 1870~1928)·이근택(李根澤, 1865~1919)·이완용(李完用, 1858~1926)·권중현(權重顯, 1854~1934)을 척살하려고 도모하였으나, 일이 누설되는 바람에 체포되어 징역을 받았다.

【보충해설】

기산도는 전라남도 장성(長城) 출신으로 일찍이 학문과 문장에 뛰어났으며 기독교계 학교에서 교사를 지냈다. 1905년 11월 을사늑약이 체결되자 을사오적을 처단하기로 결정하고 결사대를 조직했다. 그는 박종섭(朴宗燮)·박경하(朴敬夏)·안한주(安漢朱)·이종대(李鍾大) 등과 저격무기를 구입한 뒤, 손성원(孫聖元)·박용현(朴鎔鉉)·김필현(金弼鉉)·이태화(李太華) 등을 파견하여 적의 동정을 살피게 하였다. 그러나 경무고문(警務顧問) 마루야마 시게토시(丸山

重俊)의 부하가 습격한 결사대 본부인 한성모(韓聖模)의 집에서 박종섭 · 박경하 · 안한주 · 이종대와 함께 붙잡혔다. 1906년 2월에는 일행과 함께 이근택의 집을 습격하여 자상을 입혔으나 체포되어 징역 3년형을 선고받았다. 출옥 이후에도 독립운동을 거듭하다가 일제의 심한 고문으로 한쪽 다리를 절게 되었다.

1963년 건국훈장 독립장이 추서되었다.

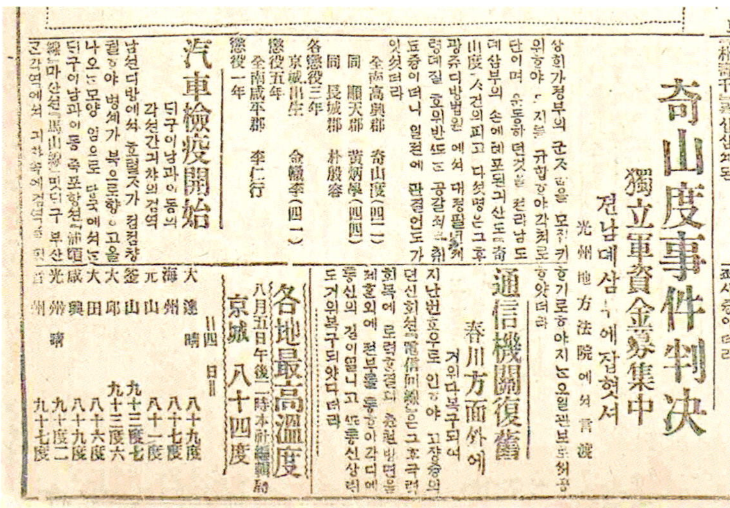
奇山度事件判決
獨立軍資金募集中
전남대삼부에잡혓서
光州地方法院에서言渡

通信機關復舊
春川方面外에

各地最高溫度

汽車檢疫開始

1920년 8월 6일 『매일신보』의 기산도 사건 판결 기사 ©국립중앙도서관

016

이건석 李建奭

1851~1906, 자 한경漢卿 · 한경漢京, 호 성석醒石, 본관 전주全州, 이명 이원필李源弼 · 이필화李弼和

이건석(李建奭)은 앞서 일본 헌병 사령부에 구속되어 있었다. 보호조약이 체결되었다는 소식을 듣자 피를 토하며 정신을 잃고 쓰러지더니 병이 들어 몇 개월 만에 죽었다. 일본인들이 시신을 문밖으로 던졌다. 가족들이 그의 버선을 살펴보다가 종이 한 장을 발견했다. 그 유서에는 그의 아들 이응수(李應洙, ?~?)에게 당부하는 말이 있었다.

"아아, 죽는구나. 사람이라면 누군들 죽지 않겠느냐만, 그 죽을 장소를 얻기가 어려운 법이다. 내가 죽어서도 눈을 감지 못하는 것은 국적(國賊)을 주살하지 못했고, 국권을 회복시키지 못했기 때문이다. 아아, 응수야. 너는 내가 죽는 것을 애통해하지 말고, 내가 국적을 주살하지 못하고 국권을 회복시키지 못하고 죽는 것을 애통해 하라. 피를 토하면서 죽음에 임해 몇 글자로 결별을 한다. 내가 죽은 후에 너는 슬퍼하는 것으로써 효도를 삼거나 예로써 장례를 지내려 하지 말라. 오직 내 뜻을 이어야 내 아들이라고 할 수 있을 것이다."

【보충해설】

이건석의 죽음에 대해서는 크게 세 가지 설이 있다. 하나는 1905년 을사늑약 때 13도 유생들이 수차례 연명 상소를 올릴 때 적극 동참하며 임금의 해산 명령에도 굴하지 않고 끝까지 의견을 제시하다 체포된 후, 사령부에 갇혀 있던 6개월 동안 병이 들어 엄청난 양의 피를 토하고 죽자 일제가 그의 시신을 남대문 밖으로 내다 버렸다는 설이다. 또 하나는 이건석이 서북청년(西北青年)들을 시켜 친일 세력인 박제순(朴齊純, 1858~1916) · 조중응(趙重應, 1860~1919) 등을 죽이려다가 일본 헌병에 발각되어 체포된 후 사령부에 오랜 시간 동안 갇혀 있던 이건석이 단식으로 순절하자 일제가 그의 시신을 남대문 밖으로 내다 버렸다는 설이다. 마지막 하나는 이건석이 서북청년들을 시켜 친일 세력인 박제순 · 조중응 등을 죽이려다가 일본 헌병에 발각되어 체포된 후 사령부에 6개월 동안 갇혀 있던 중 단식을 시행한 지 14일 만에 스스로 목을 매고 죽자 일제가 그의 시신을 남대문 밖으로 내다 버렸다는 설이다. 설은 달라도 그가 순절한 것만큼은 부정할 수 없는 사실이다.

1963년 건국훈장 독립장이 추서되었다.

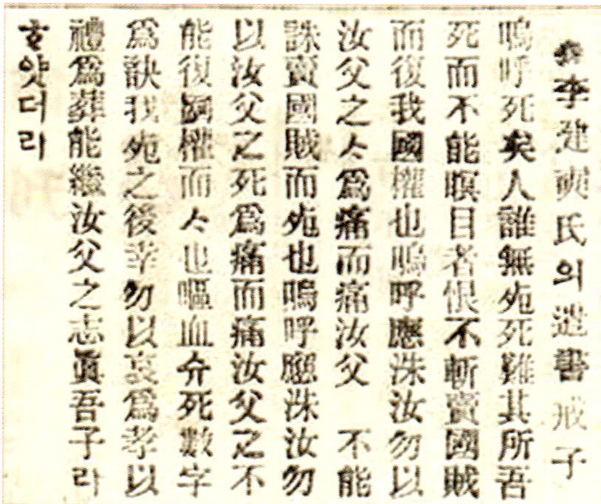

李建奭氏의遺書 戒子

嗚呼死矣人誰無死死難其所吾死而不能瞑目者恨不斬賣國賊而復我國權也嗚呼應洙汝勿以汝父之死爲痛而痛汝父 不能誅賣國賊而死也嗚呼應洙汝勿以汝父之死爲痛而痛汝父之不能復國權而死也嘔血斗死數字爲訣我死之後幸勿以哀爲孝以禮爲葬能繼汝父之志眞吾子라ᄒᆞ얏더라

1906년 5월 16일 『대한매일신보』 이건석이 아들에게 남긴 유서 관련 기사 ©국립중앙도서관

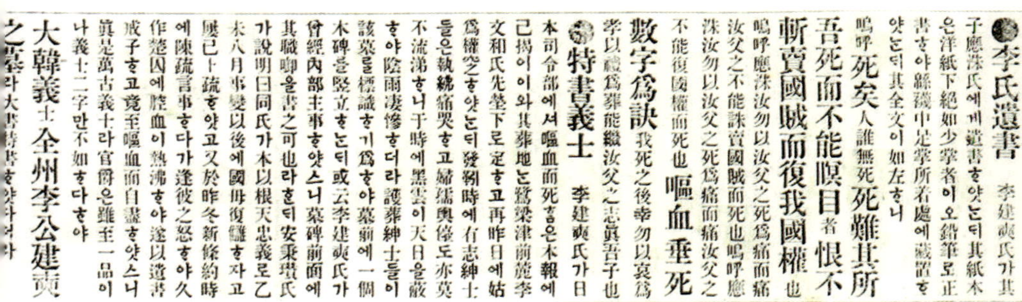

李氏遺書 李建奭氏가其子應洙氏에게遺書ᄒᆞ얏는ᄃᆡ其紙本은洋紙下絕如少掌者이오鉛筆로正書ᄒᆞ야縧襪中足掌所着處에藏置ᄒᆞ얏는ᄃᆡ其全文이如左ᄒᆞ니

嗚呼死矣人誰無死死難其所吾死而不能瞑目者恨不斬賣國賊而復我國權也嗚呼應洙汝勿以汝父之死爲痛而痛汝父之不能誅賣國賊而死也嗚呼應洙汝勿以汝父之死爲痛而痛汝父之不能復國權而死也嘔血垂死數字爲訣我死之後幸勿以哀爲孝以禮爲葬能繼汝父之志眞吾子也

特書義士 李建奭氏가日本司令部에셔嘔血而死홈은本報에已揭이이와其葬地는鷺梁津前麓李文和氏先塋下로定ᄒᆞ고再昨日에姑爲權窆之ᄒᆞ얏는ᄃᆡ發靷時에有志紳士들은執紼痛哭ᄒᆞ고婦孺輿儓도亦莫不流涕ᄒᆞ니于時에黑雲이天日을蔽ᄒᆞ야陰雨凄慘ᄒᆞ더라護葬紳士들이該墓를標識ᄒᆞ기爲ᄒᆞ야墓前에一個木碑를竪立ᄒᆞ는ᄃᆡ或云李建奭氏가曾經內部主事ᄒᆞ얏스니墓碑前面에其職啣을書之可也라ᄒᆞᆫᄃᆡ安秉瓚氏가說明曰同氏가本以根天忠義로乙未八月事變以後에國讎復讎ᄒᆞ자고屢已上疏ᄒᆞ얏고又於昨冬新條約時에陳疏言事ᄒᆞ다가逢彼之怒ᄒᆞ야久作縲囚에腔血이熱沸ᄒᆞ야遂以遺書戒子ᄒᆞ고竟至嘔血而自盡ᄒᆞ얏스니眞是萬古義士라官爵은雖至一品이나義士二字만不如ᄒᆞ다ᄒᆞ야大韓義士全州李公建奭之墓라大書特書ᄒᆞ얏다더라

1906년 5월 17일 『황성신문』의 이건석 서거 관련 기사 ©국립중앙도서관

017

최익현
崔益鉉

1833~1907, 자 찬겸贊謙, 호 면암勉菴, 본관 경주慶州

최익현(崔益鉉)은 관직이 찬정(贊政)[36]에 이르렀다. 그 무렵 경연(經筵)[37]에 올라오라는 부름을 받아, 시사(時事)에 대해 과격한 논의를 폈는데 일본인들에게 내쫓겨 충청남도 정산(定山)의 시골집으로 돌아왔다. 이때에 이르러 보호조약이 성립되었다는 소식을 듣고, 성패를 헤아리지 않고 여러 사람들과 함께 의병을 일으켰다. 병사를 모집하고 무기를 구입하여 전투 채비를 갖추고 나서, 원근(遠近)에 격문을 돌렸다. 일본인이 그것을 염탐하자 즉시 파병하였고, 그들이 달려와 포위하고 공격해오니, 포환이 비 오듯 하는데도 최익현은 얼굴빛이 태연자약하였다. 곧 몸을 일으켜 나서며 말했다.

36 찬정(贊政) : 조선왕조 말기 의정부에 속한 칙임(勅任) 벼슬. 이 시기 칙임은 이전 시기의 당상관(堂上官)에 해당한다.

37 경연(經筵) : 임금에게 유학의 경서를 강연하는 자리. 이 자리에서 시사에 관련된 토론을 하기도 하였다.

"너희들이 잡으려는 것은 나다. 마구 쏘아 많은 사람들을 다치게 할 필요 없다."

마침내 제자 수십 명과 함께 잡혀서 대마도(對馬島)로 끌려갔다. 일본인이 음식을 주자 거절하며 말했다.

"내가 어찌 너희들의 곡식을 먹고 삶을 구할쏘냐?"

결국 굶어 죽었다.

【보충해설】

최익현 초상 ⓒ문화재청

최익현은 경기도 포천(抱川) 출신의 유학자로서 이항로(李恒老)를 스승으로 하는 화서학파(華西學派)의 중심인물이었고, 위정척사론(衛正斥邪論)을 적극적으로 주창하였다. 1855년 과거에 급제한 뒤 승문원, 성균관, 사헌부, 사간원 등의 청요직을 거쳤는데, 안동김씨 세도정권과 민씨 척족세력을 반대하거나 흥선대원군에게 직언 상소를 올리는 등 권력 핵심과 대립각을 세우는 데에 주저하지 않는 강직한 성품을 드러내었다. 노론(老論)의 명분을 지키기 위해 이현일(李玄逸)과 윤휴(尹鑴) 등 남인(南人) 계통 역사 인물들의 복권(復權)을 막아서는 데에 앞장서기도 하였다. 1898년 의정부 찬정을 끝으로 낙향한 뒤, 이후 제수되는 관직은 모두 사양하면서 시국 비판의 상소를 올렸다. 1905년 을사늑약 후에 일정한 준비를 거쳐 1906년 전라북도 태인(泰仁)에서 호남의병진을 이끌고 궐기하였다가 바로 진압, 체포되었다. 대마도로 끌려가 단식 끝에 병을 얻어 순국하였다.

1962년 건국훈장 대한민국장이 추서되었다.

018

나인영 羅寅永

1863~1916, 자 미상, 호 홍암弘巖, 본관 나주羅州,
이명 나철羅喆 · 나두영羅斗永

어떤 사람이 사동(寺洞)[38]의 길가에서 권중현(權重顯, 1854~1934)을 저격했으나 맞추지 못했다. 동시에 그 단원이 또 박제순(朴齊純, 1858~1916) 등 오적(五賊)을 죽이려고 했으나 이루지 못했다. 체포되어 신문을 받은 사람들은 모두 시골 사람이었다. 이에 나인영 · 이기(李沂, 1848~1909) · 오기호(吳基鎬, 1863~1916) · 윤주찬(尹柱瓚, ?~?) · 김인식(金寅植, 1879~1926)은 함께 평리원(平理院)[39]으로 가서 자수하면서 말했다.

"우리들이 그 주모자다. 우리 삼천리 강토와 이천만 백성들로 하여금 오늘 이 지경에 빠지게 하고 정권은 전부 상실하고 민생은 썩어 문드러져서 나라도 없고 백성도 없는 데에 이르게 한 것, 이것은 누구의 죄란 말인가! 정부의 도적들이 기꺼이 나

38 사동(寺洞) : 현재 서울시 종로구 인사동의 일부.

39 평리원(平理院) : 대한제국기, 1899년에 재판을 맡아보던 관청. 최고 법원에 해당하는 것으로, 1907년에 폐지되었다.

라를 팔아먹었기 때문이다. 지난 광무 9년(1905) 11월 17일에 당당한 대한제국의 외교권을 제멋대로 일본인에게 넘겨준 것은 바로 오적이니, 우리 국민의 불구대천의 원수이다. 이 때문에 우리들이 이 오적을 주살(誅殺)하려고 한 것이고, 주모자로서 자수하는 것이다. 수감된 여러 사람은 모두 무고한 자들이다. 우리들은 형벌을 달게 받을 것이다."

이때 연루되어 체포된 자는 또 민형식(閔衡植, 1875~1947) · 최익진(崔翼珍, ?~?) · 최동식(崔東植, ?~?) · 여영조(呂永祚, ?~?) 등 수십 명이었다. 일본 헌병과 순경은 오대신(五大臣)의 집을 더욱 엄중하게 호위하였다. 나인영 등은 모두 먼 곳으로 유배되었다. 훗날 나인영은 황해도 구월산(九月山)으로 가서 단군 사당에서 통곡하고 스스로 목을 베어 죽었다.

【보충해설】

나인영 ©위키미디어

나인영은 호남 출신의 지사(志士)들을 모아 1904년 유신회(維新會)를 조직하여 구국운동을 전개했다. 을사늑약 체결 직전인 1905년 6월, 일본으로 가서 "동양의 평화를 위하여 한 · 일 · 청 3국은 상호 친선동맹을 맺고 한국에 대해서는 선린의 교의로써 부조(扶助)하라."는 내용의 의견서를 일본의 정객(政客)들에게 제시하였으나 응답이 없자 일본의 궁성 앞에서 3일간 단식투쟁을 하였다. 이때 이토 히로부미(伊藤博文)가 조선과 새로운 협약을 체결한다는 소식이 각 신문에 발표되자, 국내의 매국노를 제거할 목적으로 단도(短刀) 두 자루를 구입해서 품에 넣고 귀국하였다. 1907년 1월부터 암살 계획을 구체적으로 추진하여 3월 25일을 거사일로 정하고 오적의 주살(誅殺)을 시도하였다. 그러나 서창보(徐彰輔) 등이 붙잡히고 사건의 전모가 드러나자, 동지들의 고문을 덜어주기 위해 오기호(吳基鎬)·김인식(金寅植) 등과 함께 평리원(平理院)에 가서 자수하고 10년의 유배형을 선고받았다. 『대한망국사열전』에 기록된 내용은 이즈음의 일을 기록한 것이다. 이후 나인영은 1908년 서울 재동(齋洞)에서 단군교(檀君敎)를 공표하고 1910년 8월에는 대종교(大倧敎)로 이름을 바꾸는 등 대종교의 초대 교주로 활동했다.

1962년 건국훈장 독립장이 추서되었다.

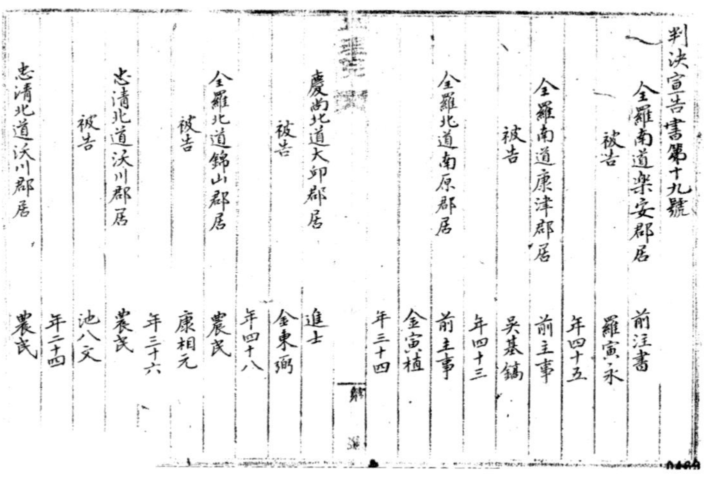
判決宣告書第十九號
全羅南道樂安郡居 前注書
被告 羅寅永 年四十五
全羅南道康津郡居 前主事
被告 吳基鎬 年四十三
全羅北道南原郡居 前主事
金寅植 年三十四
慶尙北道大邱郡居 進士
被告 金東弼 年四十八
全羅北道錦山郡居 農民
被告 康相元 年三十六
忠淸北道沃川郡居 農民
被告 池八文 年二十四
忠淸北道沃川郡居 農民

평리원의 나인영에 대한 판결문 ⓒ국가보훈처 공훈전자사료관

019

이 준
李 儁

1859~1907, 자 순칠舜七, 호 일성一醒 · 해사海史 · 청하靑霞 · 해옥海玉, 본관 전주全州, 초명 이성재李性在 · 이여천李汝天 · 이선재李璿在

이준(李儁)은 사람됨이 강직하고 모험심이 많았으며, 백절불굴(百折不屈)의 기개가 있어 사회의 존중을 깊이 받았다. 일찍이 평리원(平理院) 검사(檢事)로서 법을 집행하다가 상관의 뜻을 거역하여 파직을 당했다. 서기 1907년 6월 5일 네덜란드 헤이그에서 만국평화회의가 개최되는데, 이준은 참찬(參贊)[40] 이상설(李相卨, 1870~1917)과 함께 임금의 비밀 조서를 받았다. 4월 20일 서울을 출발하여 함경도를 거쳐 블라디보스토크를 경유하여 시베리아 기차를 타고, 러시아 수도 페테르부르크에 도착해서 이위종(李瑋鍾, 1887~?)을 만나 함께 헤이그로 갔다. 이때 러시아 위원 넬리도프(Aleksandr Ivanovich Nelidov, 1838~1910) 백작이 평화회 의장이 되었다. 세 사람이 그를 방문하였는데 러시아 정부에서 마침 대한제국 밀사의 일로 전보 훈령을 내렸기

40 참찬(參贊) : 조선 시대, 의정부에 속한 정이품의 벼슬. 좌참찬(左參贊)과 우참찬(右參贊)이 각각 한 명씩 있었다.

때문에 접견할 수 있었다. 그러나 그 회의의 참석 수용 여부는 의장의 권한으로 결정할 수 있는 것이 아니었다. 그러자 영국, 미국, 프랑스의 각국 위원을 차례로 방문하며 회의에 참석하게 해줄 것을 간절히 요구하였다. 또한 네덜란드 정부에 을사늑약은 대한제국 황제의 승인이 없었으므로, 일본이 대한제국의 외교권을 탈취할 논리가 없고, 이런 이유로 대한제국 황제가 사절단을 특파해서 오게 된 것임을 설명했다. 또 러시아의 저명한 신문 기자들을 방문하여 대한제국의 사연을 싣게 하였다. 7월 5일 이상설 등은 평화회의에 탄원서를 보냈다. 각국 위원들은 그 탄원서를 보고 그 고충은 충분히 이해했지만 해결할 방법이 없어 서로 바라보고 아무 말도 없다가 끝내 기각하였다. 이준은 스스로 목을 찔러 피를 뿌렸다. 이상설과 이위종은 미국으로 갔다.

【보충해설】

이준은 1895년 법관양성소를 졸업한 후 1896년 한성재판소에서 검사보(檢事補)를 하다 사직하고, 일본으로 떠나 와세다대학(早稻田大學)에서 법학을 전공하고 귀국했다. 그 후 대한협동회(大韓協同會)를 조직해서 일제의 황무지개척권을 저지시키고, 공진회(共進會)를 조직해서 친일 단체인 일진회(一進會) 반대 운동을 펼치다 유배되었다. 1905년에는 동지들과 함께 을사늑약 반대 단체를 조직해서 을사늑약 폐기 상소를 지어 올리고 가두연설을 하면서 시민들과 합세하여 투석전을 벌이던 중 체포되었다 풀려났다. 그 후 국민교육회(國民教育會)를 조직해서 계몽운동에 힘썼다.

1907년 6월 15일 네덜란드 헤이그에서 개최된 만국평화회의에 고종의 밀사(密使)로 파견될 때 이상설은 정사(正使)로, 이준은 이위종과 함께 부사(副使)로서 파견되었다. 이때 이상설은 망명지인 러시아 블라디보스토크에 있었고, 러시아 주재 공사 이범진(李範晋, 1852~1911)의 아들이자 공사관의 2등 참사관이었던 이위종은 러시아의 옛 수도인 상트페테르부르크에 있었다. 4월 21일 서울을 출발한 이준은 블라디보스토크로 가서 이상설을 만나 밀사 위임장과 고종의 칙서(勅書)를 전해 주고 함께 상트페테르부르크로 가서 이위종과 합류 후 헤이그로 향했다. 만국평화회의가 시작된 지 열흘 후인 6월 25일 헤이그에 도착한 세 밀사는 일제 침략의 만행과 부당함을 알리고 강제 체결된 을사늑약의 무효를 선언하는 한편 대한제국 독립에 협조해줄 것을 호소하고자 하였다. 그러나 일본과 영국 대표의 방해로 뜻을 이룰 수 없었다. 이에 세 밀사는 일제의 대한제국 침략을 규탄하고 을사늑약 무효를 선언하는 '공고사(控告詞)'를 작성해서 만국평화회의 의장 및 각국 대표에게 보냈다. 아울러 해외 언론을 통해 국제 여론을 환기시키고자 힘썼다. 당시 해외 언론은 세 밀사의 활약에 우호적이었지만 만국평화회의에 참석한 열강 대표들은 조선의 입장은 이해하지만 공적으로 처리하기에는 어려움이 있다며 거절했다. 이에 분함을 이기지 못한 이준은 병에 걸려 헤이그에서 죽었다. 그 후 일제 통감부(統監府) 법정은 죽은 이준에게 종신형을 선고했다.

1962년 건국훈장 대한민국장이 추서되었다.

이준 ⓒ국사편찬위원회

이준의 묘비 ⓒ한국민족문화대백과사전 한국학중앙연구원

020

강태현
姜泰鉉

?~?, 자 미상, 호 미상, 본관 미상

강태현(姜泰鉉)은 동우회(同友會) 회원으로, 7월 18일 이토 히로부미(伊藤博文, 1841~1909)가 이완용(李完用, 1858~1926) 등과 황제를 핍박해 선위하게 했을 때, 회원 송영근(宋榮根, ?~?)과 대표가 되어 선언하였다.

"지금 내각의 여러 사람들은 바로 우리나라를 멸망시키고 우리 민족을 죽이는 극악한 악마이니 주벌하지 않을 수 없다. 또 들으니 하야시 타다스(林董, 1850~1913)[41]가 우리 황제를 협박해서 일본으로 건너가게 하려 한다고 하니, 무릇 우리 신하와 백성들이 감히 죽음을 아까워할 것인가."

이에 석고단(石鼓壇)[42] 앞에 모여든 사람들이 천여 명이나 되었다. 한 무리는 이완용의 집을 불질러버리고 그 족속은 죽여

41 하야시 타다스(林董) : 당시 일본 외무대신.

42 석고단(石鼓壇) : 1897년 대한제국 황제가 제천의식을 치르기 위해 만든 환구단(圜丘壇)의 돌북을 올려놓은 단을 지칭하는 듯함.

없애고, 한 무리는 경부철도를 파괴하여 어가(御駕)가 일본으로 건너가는 것을 막기로 계획을 세웠다. 드디어 서문 밖으로 달려가서 이완용의 집에 불을 질렀는데, 그 처자식은 이미 먼저 피하여 전 외교 고문 스티븐스(Stevens. D.W., 1851~1908)[43]의 집에 숨어 있었다. 또 한 무리는 서문 밖의 일본인 경찰서를 공격하여 파괴하고 황토현(黃土峴)[44]의 일본 순사 파출소를 습격하였다. 또 한 무리는 흰 천에 크게 "동우회를 따르라"고 쓴 깃발을 들고 군부대신 이병무(李秉武, 1864~1926)의 집으로 들이닥쳐 부수었다. 또 한 무리는 종로에 있다가 일본 기병대의 추격을 받았다. 이때 슬픈 바람이 도성을 채웠고, 살기가 공중에 떠다녔다. 일본인이 창틈으로 총을 쏘아 죽은 사람이 매우 많았으며, 이토 히로부미가 이에 병력을 동원하여 삼엄하게 체포하고 살육하였는데, 며칠을 지내고 나서야 비로소 평정되었다.

19일에 양위식을 거행하려는데, 너무 구차하였다. 당시 궁내부 대신 박영효(朴泳孝, 1861~1939)가 병을 핑계대고 들어오지 않자 이완용이 스스로 권한대행을 자임하며 행사를 준비하려 하였으나 반대파의 저항으로 하루가 지체되었다. 20일이 되자 중화전(中和殿)[45]에서 권정례(權停例)[46]로 거행하였다. 다만 새

43 스티븐스(Stevens. D.W.) : 1904년 대한제국의 외교 고문으로 초빙되었던 미국인. 이 무렵 을사늑약을 찬성하는 담화를 발표하였고, 3년 뒤 이를 응징하는 전명운(田明雲)과 장인환(張仁煥)에 의해 살해되었다.

44 황토현(黃土峴) : 현 광화문 사거리.

45 중화전(中和殿) : 덕수궁(德壽宮)에 있는 정전(正殿).

황제에게 명하여 대리하도록 하라는 말만 하니, 이완용 등은 구 황제가 복위할 것을 두려워하다가, 22일에 새 황제에게 황제의 자리를 바쳤다.

【보충해설】

동우회(同友會)는 1907년 6월 서울에서 조직된 독립운동 단체이다. 당초 홍재칠(洪在七)과 일본인 다카하시 히사시(高橋久司) 등이 한일 양국의 친목을 위해 조직한 단체였으나, 이해 7월 헤이그특사사건으로 고종에 대한 일제의 양위 압박을 반대하는 시위를 주도하게 되면서 기존의 회장단이 사임하고 윤이병(尹履炳)이 회장을 맡아 적극적인 항쟁을 전개하였다. 동우회의 활동에 동조하여 1907년 7월 20일 당시 석고단에 모였던 민중이 2만여 명에 이르렀다고 한다. 이 자리에서 결사대를 조직하고 결사대를 이끌 대장으로 강태현과 송영근이 추대되었던 것이다. 이 두 사람이 지도하는 결사대가 곳곳에서 격렬하게 저항하는 가운데 7월 20일 고종의 양위가 이루어졌다.

46 권정례(權停例) : 임금이 본디 참석해야 하는 의식에 임금이 나오지 아니한 채 임시방편으로 거행하는 의식.

021

박승환 朴勝煥

1869~1907, 자 미상, 호 미상, 본관 미상, 이명 박승환朴昇煥 · 박성환朴星煥

박승환(朴勝煥)은 시위대(侍衛隊)[47] 제1대대장이다. 을미사변 이후부터 늘 원수를 갚을 뜻을 품었다. 7월 30일 이완용(李完用, 1858~1926) 등이 일본인들과 함께 창덕궁에 들어가 황제를 협박해서 군대를 해산하라는 조서를 내리게 하자, 죽음으로 복수할 것을 맹세했다.[48] 황제가 폐위되던 날, 궁중에서 거사하려고 했으나 임금에게 화가 미칠까 두려워 그만두었다.

8월 1일 하세가와 요시미치(長谷川好道, 1850~1924)가 각 대장을 소집했는데, 병을 핑계로 가지 않고 중대장에게 대신 가도

47 시위대(侍衛隊) : 조선말기와 대한제국기, 서울 수비의 임무를 담당하던 군대. 1895년 5월 설치했다가 1907년 8월 훈련원에서 군대해산식을 거행당하고 폐지되었다.

48 7월 30일~맹세했다 : 원문 그대로 번역하였으나 『한국통사(韓國痛史)』와 비교해보면, 박승환이 일본의 침탈이 가속화되는 것을 목격하여 죽음으로 복수할 뜻을 품은 것으로 되어 있다. 8월 1일 이전에는 군대 해산 조서는 아직 듣지 못한 상태였다.

록 했다. 군대 해산 조서를 듣고 분노가 극에 달하여 미친 듯이 날뛰며 책상을 걷어차고 의자를 내리치며 대성통곡했다. 오랫동안 품은 뜻을 이루지 못한 것을 개탄하며, 차라리 당장 의(義)를 위해 죽는 것이 낫겠다고 하고는 마침내 권총을 가져다 자신을 쏘고 죽었다. 시위대의 장졸들이 일시에 분격하여 곧장 탄약고를 부수고, 탄환을 가져다가 가지하라 요시히사(梶原義久, ?~1907) 대위 및 그의 병사 백여 명을 사살했다.

이때 원주 진위대가 거사하여 우편국을 습격하고 아울러 일본인 가옥을 무너뜨렸는데 상호 접전으로 많은 사상자가 발생했다. 강화 진위대는 500여 명의 백성과 연합해서 일본 순사 주재소를 습격하여 일본 순사들을 죽였다. 군수 정경수(鄭景洙, ?~1907)를 죽였는데 그가 일본 세력인 일진회(一進會) 회원이었기 때문이다.

【보충해설】

1907년 일제는 헤이그특사사건을 구실로 고종을 강제 퇴위시키고 순종을 즉위시켰다. 이때 박승환은 고종을 강제 양위시킬 때 궁중에서 거사하여 이를 저지하려고 했으나, 화가 황제에게 미칠 것을 염려하여 중단하였다. 1907년 8월 1일 일제가 대한제국 군대의 해산 통고를 할 목적으로 대대장 이상의 장교를 조선주차군사령부 관저인 대관정(大觀亭)에 집합시켰으나 박승환은 병을 핑계로 불참하였다. 오전 10시 일제가 군대 해산식을 강행하자 박승환은 크게 분개하여 "군인이 능히 나라를 지키지 못하고 신하가 능히 충성을 다하지 못하면 만 번 죽어도 아깝지 않다."라는 유서를 쓰고 "대한제국 만세!"를 외친 다음 권총으로 자결하였다. 장병들이 박승환의 자결을 모든 부대에 전하자, 부대 장병들이 분격하여 탄약고를 부수고 탄환을 꺼내어 무장봉기하였다. 장병들은 일본군과 총격전을 펼치며 전투를 벌였으며 전투가 끝난 뒤에는 상당수의 군인이 의병으로 전환했는데, 바로 정미의병(丁未義兵)이다. 그 뒤 각 지방의 해산 군인들도 잇달아 봉기하였다. 박승환의 순국은 대한제국 군대 최후의 진면목을 보여준 것으로, 장병들의 대일 항전을 위한 응집을 불러온 중요한 계기가 되었다.

1962년 건국훈장 대통령장이 추서되었다.

박승환 ⓒ위키미디어

022

민긍호
閔肯鎬

1865~1908, 자 미상, 호 미상, 본관 여흥驪興

민긍호(閔肯鎬)는 강원도 원주(原州) 진위대(鎭衛隊)[49]의 정교(正校)[50]이다. 굳세고 정직하며 기개와 절조가 있었다. 이토 히로부미(伊藤博文, 1841~1909)가 제멋대로 황위를 폐했다는 소식을 듣고 통곡하고는 의병을 일으켰다. 원주, 제천, 충주 지방을 두루 다니며 전투를 벌여 일본 병사들을 많이 죽였다. 군대 행렬에 기강이 있어 민심을 깊이 얻었고, 일본인들도 그의 사람됨을 공경했다. 강원관찰사 황철(黃鐵, ?~?)은 일본파이다. 화복(禍福)으로 회유하며 그에게 귀순할 것을 권하자 민긍호가 답했다.

"지금 황제가 제위(帝位)를 물려준 것이 폐하의 본뜻이겠는

49 진위대(鎭衛隊) : 대한제국기 지방 질서 유지와 변경 수비를 목적으로 설치되었던 근대적 지방 군대. 1895년에 지방대를 고친 것으로, 1907년 군대 해산 때 없앴다.

50 정교(正校) : 1894년 신식 군제에 의하여 신설된 군직. 1907년에 없어졌다.

가? 임금은 협박을 당해서 왕위를 물려주었고, 동포들은 욕을 받아 도마 위의 생선이 되었고, 강토는 남들에게 귀속되었는데 신민(臣民)이 감히 목숨을 아끼겠는가! 이것이 우리들이 창의하여 의병 군대를 일으킨 이유인데, 어째서 군대를 일으킬 명분이 없다는 말을 할 수 있는가! 지금 촌락이 불타버리고 백성들이 흩어진 탓을 의병에게 돌리는데, 너무 지나치지 않는가! 이런 무도한 짓을 일본인들이 하는 것이겠는가, 의병들이 하는 것이겠는가? 게다가 의병이 해산하면 나라가 그 즉시 망할 것이니, 우리 백성들이 일본인에게 곤욕을 받지 않고 태평을 누릴 수 있겠는가! 또한 임금이 선유(宣諭)[51]하라는 직분을 주었으니, 너는 홀로 말을 타고 와서 선유하는 게 옳다. 그렇게 하지 않고 다른 나라 병사를 따라 왔으니, 이것이 우리를 유인해서 죽일 계획이 아니겠는가!"

그리고 충청북도 충주로 갔다. 일본 병사들이 밤을 틈타 습격했는데, 탄환에 맞아 죽었다. 일본인들도 그의 죽음을 안타깝게 여겨, 그의 묘(墓)에 "조선 의사(義士) 민긍호의 묘"라고 제(題)했다.

【보충해설】

민긍호는 원주 진위대의 특무정교(特務正敎)로 재임하고 있던 1907년 군대 해산령이 내려지자 대대장(大隊長) 대리(代理) 김덕제

---

51 선유(宣諭) : 임금의 훈유(訓諭)를 백성들에게 널리 알리다.

(金德濟, 1893~1915)를 설득시켜 원주 진위대 전원을 모두 무장시켰다. 그 후 원주에 있는 일본 경찰분견소(日本警察分遣所)를 습격하거나 원주로 들어오는 일본군 토벌대(討伐隊)를 물리치는 등의 활약을 펼쳤다. 이에 그치지 않고 민긍호는 훈련된 정예병들을 의병으로 전환한 후, 강원도 · 경기도 · 충청도 등지를 돌며 100여 차례 유격전을 벌이며 일본군을 격퇴시키던 중 사로잡혀 원주의 강림(講林)으로 호송되었다. 부하들의 구출 작전으로 탈출하던 민긍호는 일본군이 쏜 총에 맞아 생을 마감하였다.

1962년 건국훈장 대통령장이 추서되었다.

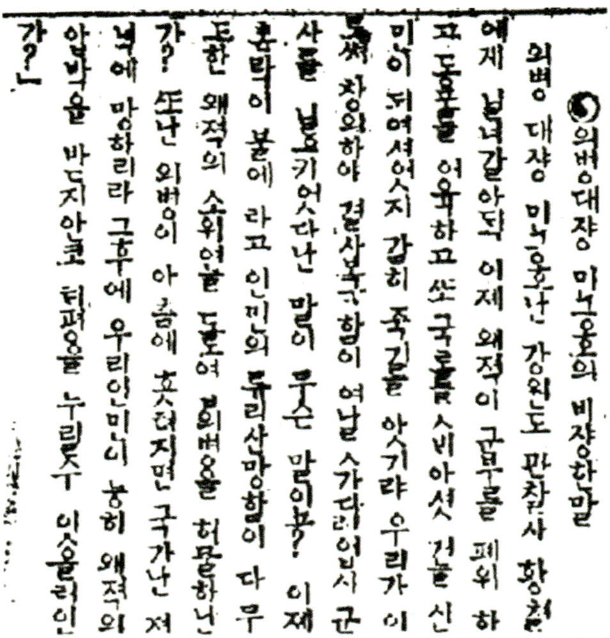
◉의병대장 민긍호의 비장한말

의병 대장 민긍호난 강원도 관찰사 황철에게 보내갈아되 이제 왜적이 군부를 폐위하고 동포를 어육하고 또 국토를 스비아서 거슬 신민이 되여서 어지 감히 죽기를 앗기라 우리가 이로써 창의하야 결사보국 함이 어날 수가 업시 군사를 보내키엇다난 말이 무슨 말이뇨? 이제 홍마이 불에 라고 인민의 류리산망함이 다무도한 왜적의 소위여늘 도로여 의병을 허물하난가? 또난 의병이 아츰에 흣터지면 국가난 저녁에 망하리라 그후에 우리인민이 능히 왜적의 압박을 바다지안코 태평을 누릴수 잇슬리인가?」

1935년 5월 2일 『신한민보』에 실린 민긍호 거사 관련 기사 ©국사편찬위원회

023

허 위
許 蔿

1855~1908, 자 계형季馨, 호 왕산旺山, 본관 김해金海

허위(許蔿)는 경상북도 선산(善山) 사람이다. 강개하고 큰 절개가 있어서 먹고 사는 문제에 연연하지 않고 다 접고 경성(京城)으로 이사하였다. 임금이 그 사람 됨됨이를 듣고 관품(官品)을 뛰어넘어 의정부 참찬(參贊)을 제수하였다. 마음가짐이 충직하여 또 집을 하사받는 은전도 입었다. 이에 앞서 허위는 국정을 모두 일본인이 장악한 것을 비통해하며 수십 명의 동지와 함께 죽음으로 저항할 것을 결의하고 전국에 격문을 돌렸는데 대략 이러하다.

"처음에는 동아시아 유지를 위해 만주 뤼순(旅順) 지역을 바로 공략하여 먼저 탐욕스럽고 포악한 러시아의 예봉을 꺾었고, 우리 대한제국과 수호하면서는 우리 강토를 보전하고 우리 독립을 확고히 하겠다 하였다. 조약이 성립되자마자, 우리 황제 폐하를 위협하여 우리 국권을 빼앗고, 온 나라의 이익을 손에 넣지 않은 것이 없으며, 사나운 행동을 멋대로 하고 있으니, 러시아인들에 비하여도 오히려 지나치다. 비유컨대 도적을 막겠다며 이웃집에 들어가 대신 쫓아주고, 그 공을 빙자하여 그 집의 재산을 모두 빼앗는다면, 그 집 주인으로서는 차라리 도적에게 잃는 것보다도 못하다고 할 것이다. 지금의 형세가 이것과 무엇이 다른가. 대한제국이 비록 피폐해졌다고는 하지만 이천만 인구가 마음을 합쳐 함께 분개하고 의기를 떨쳐 일어난다면 곧 죽을 곳에서 삶을 구하고 장차 망할 시기에 보존을 도모하리니, 우리가 약하다는 것이 무에 걱정거리이며 저들이 강하다는 것이 무에 두려워할 만한 것이겠는가. 비록 기운이 다하고 힘이 꺾여 약자로서 강자의 상대가 못된다 하더라도 손 놓고 죽으며 고개를 움츠리고 망하는 것보다는 낫지 않겠는가."

그리고 저 일본인의 탐욕스럽고 포악한 행위를 하나하나 열거하여 사람들의 마음을 격발시켰다. 일본 대사가 이것을 보고 몹시 성내며 외부(外部)[52]에 조회하여 엄하게 처벌하고 격문을 압수하는 명을 내리도록 압박하였다.

이에 이르자 서울 경기에서 의병을 일으켰는데, 대오는 가지런하였고 마을은 안정되었다. 곳곳을 옮겨가며 전투를 벌여 서로 죽고 다쳤다. 결국 체포되어 경무청 옥에 갇혔는데 죽을 때에도 그 안색이 변하지 않았다.

52 외부(外部) : 외무아문(外務衙門). 조선말기에 외무 행정을 관장하던 중앙 관청.

【보충해설】

허위의 형 방산(舫山) 허훈(許薰)은 성호(星湖) 이익(李瀷)의 학문적 계보를 잇는 성재(性齋) 허전(許傳)의 적통 제자로 인정받는 학자였다. 허위는 을미의병이 각지에서 산발하는 가운데 1896년 이기찬(李起燦)·이은찬(李殷贊) 등과 의병을 일으켰다가 고종의 명으로 자진 해산한 바 있다. 1899년부터 관직에 진출, 1905년에는 비서원승(秘書院丞)이 되었다. 이때 을사늑약에 저항하며 격렬한 어조의 격문을 돌리다가 일제의 항의를 받게 되었던 것이다. 1907년 고종의 강제 퇴위 여파로 각지에서 의병 전쟁이 벌어지는 가운데 1908년 항일의병으로는 최대 규모였던 13도의병연합부대(十三道義兵聯合部隊)가 편성되었을 때, 허위는 원수부13도총대장(元帥府十三道總大將) 이인영(李麟榮)을 보좌하는 군사장(軍師長)이 되었다. 이인영이 부친상으로 귀향하자 연합부대를 정비하여 재진격을 준비하던 중에 일본군에게 체포되어 10월 21일 서대문 감옥에서 순국하였다.

1962년 건국훈장 대한민국장이 추서되었다.

024

이강년
李康年

1858~1908, 자 낙인樂寅, 호 운강雲崗, 본관 전주全州

이강년(李康年)은 경상북도 문경(聞慶) 사람이다. 강원도 원주에서 의병을 일으켰는데 처음에 전투에서 패배해서 일본 군대가 원주를 빼앗고 점거했다. 이강년과 병사들은 상인의 모습으로 꾸미고 총칼 등의 물건을 미역·콩잎 더미 속에 숨기고는 사람들 사이에 섞여 성시(城市)에서 각각 전(廛)을 벌였다. 정오가 되어 갑자기 군령을 외치자, 각기 군사 대오를 정돈하고 일본 군대를 향해 돌격하여 크게 격파시키고 곧장 산골짜기 속으로 들어갔다. 3,40리쯤 거리에 시장이 하나 있었는데 마침 장날이었다. 상인들은 의병이 오는 것을 보자 두려운 기색이 있었다. 이강년이 말했다.

"뒤에 일본 군대가 쫓아올 것이니, 여러분은 모두 피하시오."

상인들이 사방으로 흩어지자 온 시장이 이내 텅 비었다. 술과 음식, 잡화 상점에는 의병이 상인을 대신해서 있었다. 한참 뒤에 일본 군대가 추격해왔는데, 의병이 멀리 도망간 줄 알고 잠시 쉬면서 모여 있었다. 점심식사 시간에 각각 변장하고 있던 의병들이 일시에 함께 일어나 돌격해서 크게 격파했다. 이 이후로 지방을 옮겨 다니면서 싸워 여러 번 전투에서 이겼다. 그러나 불행하게도 체포되어 경성 감옥으로 압송되었다가 교수형에 처해졌다.

【보충해설】

1895년 민비가 시해된 사건에 이어 전국적으로 단발령이 내려지자, 이강년은 1896년 1월 경상북도 문경에서 의병을 일으켰다. 이후 충청북도 제천(堤川)에 있는 유인석(柳麟錫)을 찾아가서 그의 문인이 되었다. 이강년은 유인석 의병부대의 유격장이 되어 문경 · 평천 · 조령 등지에서 활발한 의병활동을 펼쳤다. 제천에서 관군과의 전투에서 패하여 유인석이 요동(遼東)으로 가자, 이강년도 의병을 해산하고 따라갔다가 3년 뒤에 귀국했다.

이강년 생가 ©문화재청

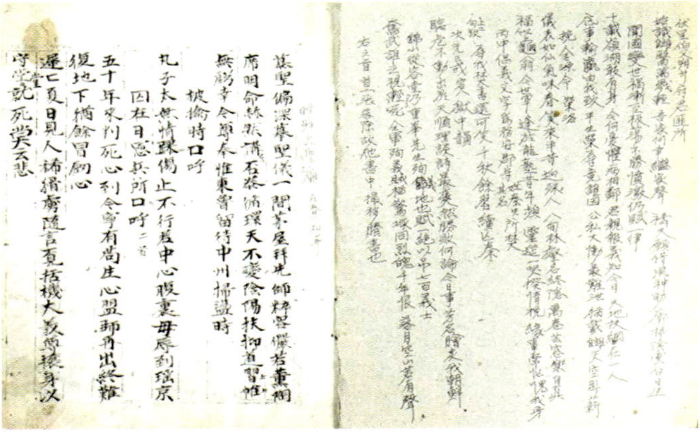

이강년의 문집 『운강선생유고(雲岡先生遺稿)』 ⓒ문화재청

1907년 고종이 강제로 선위하고 대한제국 군대가 강제로 해산되자 이강년은 충청북도 영춘(永春)에서 다시 의병을 일으켰다. 이때 원주진위대를 이끌고 봉기한 민긍호(閔肯鎬) 부대와 합세해서 충청북도 충주를 공격했다. 이강년은 전국 의병들이 서울을 공격하기 위해 각도 의병장을 따라 경기도 양주에 집결해서 13도창의대진소를 결성했을 때 호서창의대장(湖西倡義大將)에 선임되었다. 이후 용소동 전투, 갈기동 전투, 백담사 전투, 안동서벽 전투에서 뛰어난 활약을 펼치며 의병의 승리를 이끌었다. 이강년은 1908년 6월 충청북도 청풍(淸風) · 작성(鵲城)에서 벌어진 일본군과의 결전에서 발목에 총알을 맞고 일본군에게 붙잡혔다. 이후 경기도 수원의 일본수비대에 구류되었다가 같은 해 7월 서울의 일본군헌병사령부로 압송되었다. 이곳에서 다시 평리원으로 옮겨져 9월 22일 교수형을 선고받았다.

1962년 건국훈장 대한민국장이 추서되었다.

025

신돌석 申乭錫

1878~1908, 자 순경舜卿, 호 미상, 본관 평산平山, 본명 신태호申泰浩, 이명 신돌석申乭石 · 신돌산申乭山 · 신태홍申泰洪 · 신태을申泰乙 · 신대호申大浩

신돌석(申乭錫)이다.

【보충해설】

신돌석은 뛰어난 담력과 용맹으로 '태백산 호랑이'라는 별명을 얻었다. 1895년 을미사변 직후 1896년 경상북도 평해(平海)에서 의병을 일으켜 무수한 일본군을 사살한 일로 이름을 떨치자 일본군은 신돌석 의병 주변에 얼씬도 하지 못했다. 그해 말 경상북도 영해군(寧海郡) 의병진의 중군장(中軍將)에 올라 왕성하게 의병활동을 전개했으나 조정에서 의병 해산령이 내려지자 자진 해산했다. 그러나 날로 거세지는 일본의 수탈에 반감을 키우며 세력을 모으던 신돌석은 1905년 을사늑약이 체결되자 1906년 영해에서 다시 의병을 일으켰다. 신돌석 휘하의 의병 규모가 점점 커지는 데다 맹렬하게 유격전을 펼치는 기세에 놀란 일본군은 '신돌석 의병 부대'라는 말만 들어도 두려워 떨었다. 일본 경찰은 거금의 현상금을 걸고 신돌석을 잡으려고 하였다. 그러던 1908년 12월 길에서 만난 옛 부하 김상렬(金相列)의 집에 투숙하던 날 밤 현상금을 노린 김상렬 삼형제가 따라 준 술을 마시고 잠들었다가 삼형제가 내리친 도끼에 맞아 죽었다. 김상렬은 신돌석의 부하이기도 하지만 이종사촌이라는 설도 있다. 또 신돌석을 죽인 사람은 김도윤(金道潤)·김도룡(金道龍) 형제라는 설도 있다. 신돌석을 죽인 사람은 고종사촌 김자성(金自聖) 삼형제라는 설도 있다. 설은 달라도 현상금에 눈먼 자들이 의병장 신돌석을 죽인 것은 틀림없는 사실이다.

1962년 건국훈장 대통령장이 추서되었다.

026

이은찬 李殷瓚

1878~1909, 자 미상, 호 미상, 본관 전주全州

이은찬(李殷瓚)은 유생이다. 경기도 양근(楊根)[53]에서 의병을 일으켰다.

【보충해설】

이은찬은 13도의병연합부대(十三道義兵聯合部隊)를 편성하고 이인영(李麟榮)을 원수부십삼도총대장(元帥府十三道總大將)으로 추대하는 데에 적지 않은 역할을 하였다. 나서지 않으려는 이인영을 나흘간 간청하여 총대장으로 추대하고 해산 군인 80명을 포함한 500여 명으로 구성된 최초의 부대를 구성한 인물이었던 것이다. 13도의병연합부대가 실패한 뒤에도 300여 명을 이끌고 전국을 떠돌며 전투를 벌였다. 1909년 간도로 활동지를 옮겨 갈 계획을 세우던 중 체포되어 교수형을 받고 순국하였다.

1962년 건국훈장 대통령장이 추서되었다.

53 양근(楊根) : 경기도 양평 지역의 옛 이름.

원주시 소재 이은찬 추모비 ⓒ한국민족문화대백과사전 한국학중앙연구원

027

*김 준 金 準
**전해산 全海山

* ?~1907, 자 미상, 호 죽봉竹峯, 본관 미상
** 1879~1910, 자 수용垂鏞, 호 해산海山, 본관 천안天安, 본명 기홍基泓, 아명 종엽鍾葉

김준(金準)과 전해산(全海山)은 호남(湖南)에서 의병을 일으켰다.

【보충해설】

김준은 전라남도 나주 출신의 의병장이다. 1906년 동생 김율(金聿)과 함께 나주에서 의병을 모집하고, 이듬해 기삼연(奇參衍)이 모집한 호남창의회맹소(湖南倡義會盟所)의 선봉장이 되어 고창 · 광주 · 동복 등지에서 싸웠다. 이어 광주의 무등산에서 군사를 정비하고 한때 창평을 점령하였으나, 체포된 기삼연을 구출하려고 일본군을 추격하다가 전사하였다.

김준에게는 1962년 건국훈장 독립장이 추서되었다.

전해산은 1907년 한국군대가 강제 해산되자 임실의 이석용(李錫庸)을 찾아가 의병을 일으켰다. 이후 대동의병장으로 추대되어 수많은 전투에서 활약하며 큰 전과를 올렸다. 그러나 1909년 일제가 '의병대토벌전'을 강력하게 추진하자, 1월 17일 고향으로 돌아가 마지막 인사를 고하고 고향 일대에 「본고을 반당(反黨)에게 보내는 격문」을 띄웠다. 그 뒤 고래산(古萊山)의 서당에서 훈장을 하면서 지내던 중 조두환(曺斗煥) · 이경오(李景五)의 밀고와 김현규(金顯圭)의 인솔로 붙잡혀 영산포 일본헌병대로 압송되었다. 광주 재판소에서 교수형을 선고받고, 1910년 5월 대구형무소로 이송되어 7월 18일 교수형으로 순국하였다.

전해산에게는 1962년 건국훈장 대통령장이 추서되었다.

VOL. 28 NO. 1430 THURSDAY MAY 2, 1935. The New Korea SAN FRANCISCO, CALIF. Published Weekly.

순국 선현

1935년 5월 2일 『신한민보』의 전해산 유서 관련 기사 ⓒ국사편찬위원회

028

한치만
韓致晩

?~?, 자 미상, 호 미상, 본관 미상

한치만(韓致晩)은 군인인데 충청도에서 의병을 일으켰다.

【보충해설】

1907년 일제에 의해 조선 군대가 해산될 때 한치만의 계급은 병(兵)이었다. 충청도에서 한치만과 함께 의병을 일으킨 의병장들로는 김규환(金奎煥, 일등병) · 민창식(閔昌植, 참위) · 김순오(金順五, 이등병) · 장윤석(張允石, 병졸) · 장기수(張基洙, 병사) · 진성구(陳聖九, 하사) · 박관실(朴寬實, 참교) · 심상희(沈相熙, 참교) · 한봉수(韓鳳洙, 상등병) · 노병대(盧炳大, 부위) · 오명수(吳明洙, 부위) · 이헌영(李憲永, 병사) · 이덕경(李德景, 하사) · 이인환(李仁煥, 병) · 김형식(金亨植, 상등병)이 있는 것으로 확인된다.[54] 그밖에 『신한민보』의 1922년 11월 30일자 기사에는 각지의 의병이 끊어지지 않는 가운데 한치만은

54 독립운동사편찬위원회, 『독립운동사』 제1권 : 의병항쟁사, 독립유공자사업기금운용위원회, 1970, 484쪽 참조.

허위(許蔿, 1855~1908) · 이강년(李康年, 1858~1908) 등과 함께 분개하여 의롭게 죽은 인물로 소개되어 있을 뿐, 그의 의병 활약상에 대해서는 현재 알려진 바가 없다.

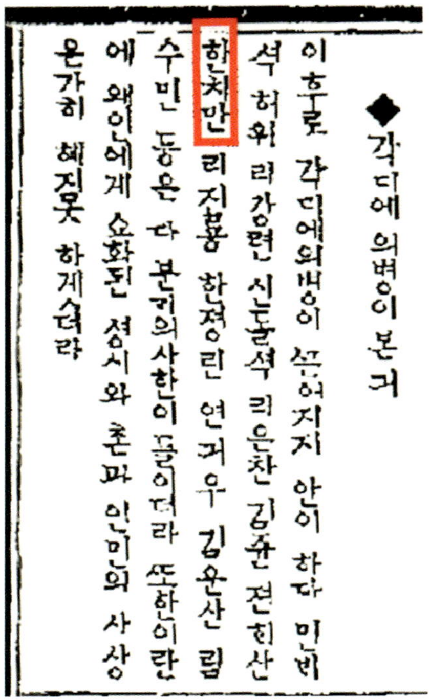
◆각ᄃᆡ에 의병이 본거

이후로 각ᄃᆡ에의병이 ᄭᅳ어지지 안이 하다 민비석 허위 리강년 신돌석 리은찬 김쥰 젼희산 한치만 리진룡 한졍린 연긔우 김운산 림수빈 동은 다 분긔의사한이 될이더라 또한이란에 왜인에게 쇼화된 셩시와 촌과 인민의 사상은가히 혜지못 하게ᄉᆞ더라

1922년 11월 30일 『신한민보』의 한치만 의병 관련 기사 ⓒ국사편찬위원회

029

* 한정란 韓廷蘭
** 이진룡 李振龍

* ?~?, 자 미상, 호 미상, 본관 미상
** ?~?, 자 미상, 호 미상, 본관 미상

한정란(韓廷蘭)과 이진룡(李振龍)은 해서(海西)에서 의병을 일으켰다.

【보충해설】

한정란은 이름 이외의 자세한 활동 경위를 찾을 수 없다. 이진룡의 경우는 이진룡(李鎭龍, 1879~1918)이라고 한자를 다르게 쓰는 의병장의 기록이 발견된다. 이진룡(李鎭龍)은 1905년 황해도 평산(平山)에서 의병을 일으켰고 만주로 건너가 활약하다가 일제에 체포되어 평양 감옥에서 순국하였던 인물인데, 이 항목의 이진룡(李振龍)과 동일 인물일 가능성이 적지 않다. 이진룡(李鎭龍)은 이석대(李錫大) 등의 이명을 사용하기도 하였다. 참고로 이진룡(李鎭龍)에게는 1962년 건국훈장 독립장이 추서되었다.

030

* 연기우 延基祐
** 김운선 金雲仙

* ?~?, 자 미상, 호 미상, 본관 미상
** ?~?, 자 미상, 호 미상, 본관 미상

연기우(延基祐)와 김운선(金雲仙)은 모두 군인으로 관동에서 의병을 일으켰다.

【보충해설】

연기우는 연기우(延基羽, ?~1910, 이명 연기호(延基浩)·연봉렬(延奉烈)·연기호(延基鎬))와 관련성이 있어 보이지만 단정할 만한 근거는 없다. 연기우(延基羽)는 강화진위대(江華鎭衛隊) 부교(副校)로 덕물포(德物浦)에서 거의하여 동료 지홍윤(池弘允)과 함께 항전하다가 패한 후 부하를 거느리고 적성(積城), 삭녕(朔寧) 등지에서 교전하여 승리하였다. 참고로 연기우(延基羽)에게는 1962년 건국훈장 대통령장이 추서되었다.

김운선은 1905년 단발령 시행 이후 전국적으로 의병이 일어났을 때 유인석(柳麟錫)의 호좌의진(湖左義陣)에 가담해서 활약한 의병이다. 이후 강원도 원주(原州)에 들어가서 손재규(孫在奎)의 부하로 있다가 1907년 대한제국 군대 강제 해산이 일어나자 봉기했다. 이강년(李康秊)의 의진에 들어가서 선봉장으로 활약하기도 했으며, 1908년 이강년이 체포된 뒤에도 충청북도 제천·충주 일대에서 일제에 맞서 전투를 계속 벌였다. 1909년 4월 일제에 의해 피살되어 순국하였다.

김운선에게는 2005년 건국훈장 애국장이 추서되었다.

031

유인석
柳麟錫

1842~1915, 자 여성汝聖, 호 의암毅菴, 본관 고흥高興[55]

유인석(柳麟錫)은 충청북도 제천(堤川) 사람이다. 그의 문도(門徒)와 함께 의병을 일으켰다.

【보충해설】

유인석은 이항로(李恒老)를 스승으로 하는 화서학파(華西學派)에서 김평묵(金平默)과 유중교(柳重教)를 이어 학파의 대표자로 부상하던 학자였다가, 을미의병을 계기로 의병항전의 지도자가 되었다. 유인석의 부대는 한때 3,000명을 넘기도 하였지만 관군(官軍)의 공격으로 거점을 잃고 황해도·평안도를 거쳐 서간도(西間島)로 넘어갔다. 그러나 서간도에 간 직후에 회인현(懷仁縣)의 현재(縣宰)인 서본우(徐本愚)의 제지를 받아 혼강(渾江)에서 의병이 해산되었다. 의병 해산 후에는 한인(韓人)이 많이 살고 있던 통화현(通化縣) 오도구(五道溝)에 정착하였다.

---

55 → 91번 유인석 항목 참조

유인석 초상 ©문화재청

유인석은 1900년 7월 귀국하여 7년 동안 국내에 머무르며 강학(講學)과 제자 양성에 힘썼다. 그러나 1907년 고종의 퇴위와 정미칠조약 체결을 계기로 국내 활동을 더 이상 지속할 수 없다고 판단하고 다시 망명을 결심하여 1908년 7월 블라디보스토크로 갔다. 이곳에서 이상설(李相卨)·이범윤(李範允) 등과 함께 분산된 항일세력을 하나로 통합하기 위해 힘을 기울였다. 1910년 6월 연해주 의병세력의 통합체인 13도의군(十三道義軍)을 결성하고 도총재(都總裁)로 추대되었다. 그러나 13도의군이 본격적인 무력항쟁을 개시하기도 전에 1910년 8월 경술국치가 일어났다. 1915년 중국

관전현(寬甸懸) 방취구(芳翠溝)에서 생을 마감했다.

1962년 건국훈장 대통령장이 추서되었다.

춘천에 있는 유인석의 묘역 ©문화재청

032

* 맹영재 孟英在
** 김백선 金伯善

* ?~?, 자 미상, 호 미상, 본관 미상

** ?~1896, 자 미상, 호 미상, 본관 미상[56]

맹영재(孟英在)와 김백선(金伯善)은 경기도 지평(砥平)에서 의병을 일으켰다.

【보충해설】

김백선은 김백선(金百先) 등으로 표기되기도 하며, 경기도 지평(砥平, 양평군) 출신의 평민 의병장이었다. 김백선이 맹영재와 함께 동학군 토벌에 나서, 맹영재가 그 공으로 지평 군수가 되기도 하였다. 을미의병이 일어나자 김백선이 의병에 동참하기를 권했으나 맹영재는 거절하였다. 김백선은 대신 유인석(柳麟錫)의 제천의병에 합류하여 선봉장이 되었고, 충주성 전투를 승리로 이끌기도 하였다. 이후 김백선은 충청북도 가흥(可興)에서 일본군 수비대를 습격하여 진지를 점령하고 있다가 요청한 지원군이 오지 않아 점령을 포기하고 돌아온 일이 있었다. 이 일에 대해 지원군을 보내

---

56 → 90번 맹영재 · 김백선 항목 참조

지 않은 안승우(安承禹)에게 항의하다가 처형되었고, 이 사건으로 유인석의 연합부대는 사기가 떨어져 쇠퇴하게 되었다. 의병 전쟁 과정에서 양반의 특권 의식이 전황을 그르친 대표적 사건으로 기록할 만한 일이었다.

맹영재는 건국훈장이 추서된 사실이 확인되지 않으며, 김백선에게는 1991년 건국훈장 애국장이 추서되었다.

의병을 총살하는 일본군의 모습 ©국사편찬위원회

033

* 이 설 李 偰
** 김복한 金福漢

* 1850~1906, 자 순명舜命, 호 복암復菴, 본관 연안延安[57]
** 1860~1924, 자 원오元五, 호 지산志山, 본관 안동安東[58]

이설(李偰)과 김복한(金福漢)은 충청남도 홍주(洪州)에서 의병을 일으켰다.

【보충해설】

이설은 1895년 민비시해사건과 단발령이 시행되자 동지들과 함께 홍주목사 이승우(李勝宇)를 설득하여 홍주성을 거점으로 의병을 일으켰다. 그러나 이승우가 관군과 내통하여 군대를 끌어들이는 바람에 체포되어 서울로 압송되었으나 국왕의 특사로 석방되었다. 1904년 일제가 전국의 황무지개척권을 요구했을 때에는 분격하여 전국에 토왜격문(討倭檄文)을 돌리며 반대 운동을 펼쳤다. 1905년 을사늑약이 체결되자 홍주지역의 지사들을 모아서 홍주의거를 계획하였다. 그러나 병이 깊어 무력투쟁에 한계를 느끼

57 → 85번 이설 항목 참조
58 → 86번 김복한 항목 참조

고 상경해서 을사늑약 파기와 을사오적의 처형을 요구하는 상소를 올렸다가 일본 경찰에 붙잡혀 투옥되었다. 석방된 뒤에도 의병 봉기를 권하는 등 항일투쟁에 매진하였으나 옥고의 후유증으로 순국하였다.

이설에게는 1963년 건국훈장 독립장이 추서되었다.

김복한은 1892년 급제하여 1894년 승정원승지로 있었다. 1895년 을미의병 때 이설과 함께 홍주에서 의병을 일으켰는데 체포되었다가 특사로 석방되었다. 1905년 을사늑약 이후에도 이설과 함께 홍주에서 다시 의병을 일으켰다가 실패하여 체포되었다. 김복한은 1919년 파리장서 사건으로 다시 옥고를 치르고 후진 양성에 힘쓰다가 서거하였다.

김복한에게는 1963년 건국훈장 독립장이 추서되었다.

충남 홍성군의 김복한 묘소 ©문화재청

034

기우만 奇宇萬

1846~1916, 자 회일會一, 호 송사松沙, 본관 행주幸州[59]

기우만(奇宇萬)은 전라남도 장성(長城)에서 의병을 일으켰다.

【보충해설】

기우만의 조부는 호남의 명성 있는 유학자인 노사(蘆沙) 기정진(奇正鎭)이다. 기우만은 1881년에 김평묵(金平默)·이건창(李建昌) 등과 함께 개화 정책을 비난하는 「만인소(萬人疏)」를 올려 호남 소수(湖南疏首)라 불렸다. 을미사변 후에 전국적으로 단발령이 내려지자 신체 훼손은 큰 불효이니 차라리 머리를 안 깎고 죽는 편이 낫다는 내용의 상소를 올렸다.

1896년 2월 유림의병 총대장인 유인석(柳麟錫)의 격문이 이르자, 기우만은 전라남도 광주의 광산관(光山館)을 본영으로 삼고 의병을 일으켰다. 그러나 고종이 신기선(申箕善) 등을 선유사(宣諭使)로 보내어 해산할 것을 명하자 이에 따랐다. 이후 다시 기병하였

59 → 88번 기우만 항목 참조

으나 일본군에게 체포되어 투옥되었다가 이듬해 풀려났다. 1908년 순천 조계산의 암자에서 다시 거사를 꾀하려고 모의하던 중 고종의 강제 퇴위 소식을 듣자 계획을 접고 전라남도 장성의 삼성산 삼산재에 은거하였다. 1971년 전라남도 순창군 팔덕면 용산리 무양사(武陽祠)에 배향되었다.

1980년 건국훈장 국민장이 추서되었다.

장성 고산서원(高山書院) ⓒ문화재청

고산서원은 기우만 · 기정진 · 이최선 · 조의곤 · 김록휴 · 조성가 · 정재규 등의 위패를 모신 서원이다. 이 서원은 기정진이 고종 15년(1878)에 담대헌(澹對軒)으로 이름 짓고 학문을 가르치던 곳이다. 1924년에 후손들이 다시 지었으며 1927년 '고산서원'이라고 쓴 현판을 걸어 오늘에 이르고 있다. 현재 경내에는 사당인 고산사를 비롯하여 강당, 동재인 거경재, 서재인 집의재, 내삼문, 외삼문과 장판각 등의 건물이 있다. 장판각에는 기정진의 문집과 목판을 보관하고 있다.

035

김수민 金秀民

1867?~1909, 자 미상, 호 미상, 본관 여흥麗興, 이명 김수민金秀敏 · 김수민金守民 · 김종민金宗民 · 김수민金守敏 · 김준수金俊洙

김수민(金秀民)[60]은 경기도 장단(長湍)에서 의병을 일으켰다.

【보충해설】

김수민은 동학농민운동에 가담했던 인물로, 1905년 을사늑약 후 일제의 수탈은 나날이 심해져 가고 1907년 군대까지 해산되자 항일투쟁을 벌이기로 했다. 사격술(射擊術)도 뛰어난 데다 직접 화약과 탄환 등의 무기를 제조할 수 있던 김수민은 300명의 의병을 모아 자신의 거주지인 경기도 장단의 덕음동(德蔭洞)에서 의병을 일으키고, 13도(道) 총도독(總都督)에 올랐다. 관군(官軍)의 무기고에 있던 대포와 소총까지 탈취한 그는 보부상(褓負商)을 모집해서 편성한 정보대(情報隊)를 통해 일본군의 정세를 염탐하였다. 그 정보를 바탕으로 유격전을 전개해 일본군과 수차례 접전을 벌여 승리를 거두면서 기세를 드날렸다. 그 후 김수민은 강화도에 주둔

60 저본의 난 외에 "농민(農民)"이라고 표기되어 있다.

하고 있던 일본군을 기습 공격해서 일본군에게 치명타를 입혔다. 뭍으로 돌아온 김수민은 다른 지역 의병장들과 합세하여 더욱 거세게 의병활동을 전개해나갔다. 장단의 소랑리(小浪里)에서 활동하던 김수민은 장단의 광곡(廣谷) 산골에 22명의 의병을 잠복시켜 놓았는데, 그것을 알아차린 일본군이 두 개 부대를 동원해서 산등성이 샛길로 김수민 의병대가 있는 지척 거리까지 접근해왔다. 이에 서둘러 퇴각하려고 하였지만 일본군이 가해오는 무차별 사격을 피하지 못한 김수민 의병진은 흩어지고 말았다. 당시 김수민은 청동으로 만든 조선의 고식대포(古式大砲) 10문(十門)과 철로 만든 장탄기(裝彈器) 200여 개를 압수당하면서 힘을 잃게 되었다. 일본군과의 전투에서 패한 김수민은 재기를 도모하기 위해 서울로 잠입하여 손수레꾼으로 변장하고 일본군의 정세를 염탐하던 중 체포되어 1909년 사형을 선고받고 처형되었다.

1962년 건국훈장 독립장이 추서되었다.

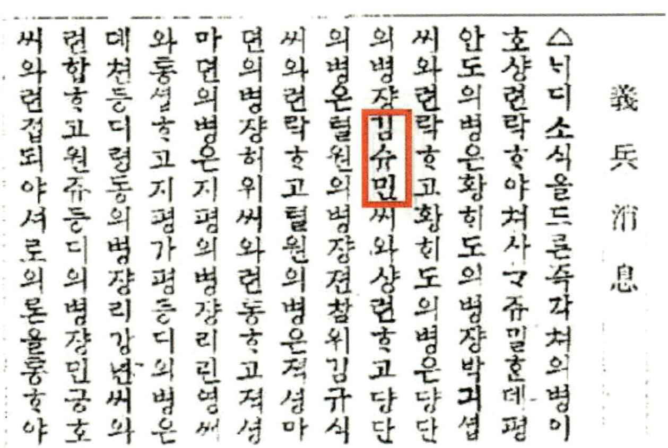

義兵消息

△니디소식을드른즉각쳐의병이
호상련락ᄒᆞ야쳐사ᄀᆞ쥬밀ᄒᆞᆫ데평
안도의병은황히도의병장박긔셥
씨와련락ᄒᆞ고황히도의병은댱단
의병장김슈민씨와상련ᄒᆞ고댱단
의병은털원의병장젼참위김규식
씨와련락ᄒᆞ고털원의병은젹셩마
면의병장허위씨와련동ᄒᆞ고젹셩
마면의병은지평의병장리린영씨
와동셥ᄒᆞ고지평가평등디의병은
뎨쳔등디령동의병장리강년씨와
련합ᄒᆞ고원쥬등디의병장민긍호
씨와련졉되야셔로의론을통ᄒᆞ야

1908년 1월 8일 『공립신보』의 김수민 관련 기사 ⓒ국립중앙도서관

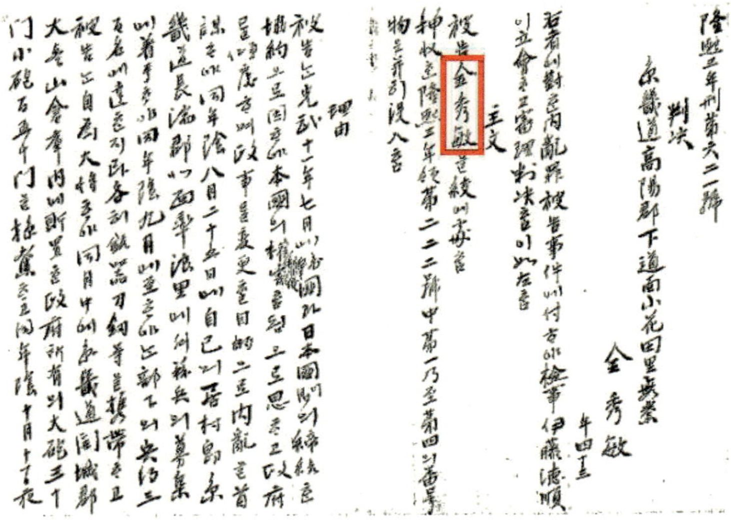

김수민을 교수형에 처한다는 판결문 ⓒ국가보훈처

036

전명운
田明雲

1884~1947, 자 미상, 호 미상, 본관 미상

전명운(田明雲)은 대한제국 경성 사람이다. 미국을 유람하다가 스티븐스(Stevens. D.W., 1851~1908)를 오클랜드의 정거장에서 조우하고 권총으로 쏘았으나 탄환이 불발되었다. 스티븐스가 매우 놀라고 화가 나서 전명운과 서로 치고받고 있는데, 갑자기 탄환이 뒤쪽에서 날아와 첫 발은 전명운을 맞추고 두 번째는 스티븐스를 맞추었다. 대한제국 평양 사람 장인환(張仁煥, 1876~1930)이 쏜 것이었다. 대개 각자 스티븐스를 죽이려고 하다가 애초에 서로 의논하지도 않았는데 뜻밖에 이렇게 된 것이었기에 전명운이 잘못 맞게 된 것이다. 스티븐스는 병원에 입원했다가 곧 죽었다. 전명운도 입원했다가 그 동기를 심문받았다. 전명운이 말했다.

"스티븐스는 일본이 추천하여 대한제국의 외교 고문으로 임명되었는데, 대한제국의 봉록을 먹으며 일본을 편들던 자이다. 지금 일본이 우리의 국권을 빼앗고 우리의 재산을 빨아먹으며 헌병과 순사가 전국 곳곳에 가득하다. 그러므로 내가 미국에

온 것은 학업을 닦고 국가에 헌신하고자 함이었다. 최근 들으니 스티븐스가 각처에 소식을 전하기를, '대한제국 사람이 일본 사람을 환영하며 일본 사람에게 감복하였다' 하여 무고하며 모욕하기가 극에 달하였기에, 이 도적놈을 죽이려고 한 것이다."

전명운의 총상은 곧 나아서 회생하였다. 미국 법정에서는 그의 애국에 감동하여 곧 석방시켰다.

【보충해설】

전명운은 1905년 하와이로 이민하였다가 1906년 샌프란시스코로 이주하여 막노동으로 생계를 꾸리고 있었다. 스티븐스 살해 사건으로 재판을 받았다가 무죄로 석방된 이후 러시아 블라디보스토크로 가 있다가 1909년 미국 로스앤젤레스에 정착하였다. 결혼하여 1남2녀를 두었으나 1929년 상처하고 아이들은 고아원에 맡겨두는 비참한 삶을 살게 되었다. 1945년 해방이 된 뒤에도 1947년 그가 가난한 죽음을 맞이할 때까지 조국은 그에게 아무런 보상을 해주지 못했다.

氏雲明田　士義國愛

1908년 3월 25일자 『공립신보』에 게재된 전명운 사진 ©국립중앙도서관

1962년 건국훈장 독립장이 추서되었다.

037

장인환
張仁煥

1876~1930, 자 미상, 호 미상, 본관 인동仁同

미국에서 공판을 열고 심문을 했는데 공분살인자(公憤殺人者)는 특별히 감한다는 법이 있고, 장인환(張仁煥)이 스티븐스(Stevens. D.W., 1851~1908)를 살해한 것은 애국 행위였으므로 특별히 사형을 감해서 15년 징역에 처했다. 이에 미국의 각 신문들은 대한제국 사람의 애국열을 찬탄하고, 대한제국 사람의 이 거사에 대해 '용을 타고 하늘에 오르는 영광'이 있을 것이라고 했다. 어떤 부인이 장인환을 어루만지며 말했다.

"이 작은 사람이 애국하는 것이 이처럼 장하니, 우리 미국인도 이 사람같이 애국해야 한다."

【보충해설】

장인환은 1904년 하와이로 이민을 간 뒤 1906년 캘리포니아로 이주하여 노동자로 일했다. 이후 을사늑약 체결 소식을 듣고 통분하여 대동보국회(大同保國會)에 가입하고 조국의 독립운동에 참여하기로 결심했다. 이때 통감부의 외무고문인 스티븐스가 샌프란시스코에 와서 '일본의 한국지배는 한국에게 유익하다'라는 내용의 친일성명을 발표하자 나라의 원수로 생각하고 처단할 계획을 세웠다.

1908년 3월 25일자 『공립신보』에 게재된 장인환 사진 ©국립중앙도서관

The New Korea
新韓民報
張仁煥義士逝世第七年紀念
三十年前三月二十三日
轟烈手段을 回想
양심없는 공적
須수知지分분砲포擊격

1937년 5월 27일 『신한민보』의 '양심없는 공적 스티븐스 포격(須知分砲擊)' 기사 ©국사편찬위원회

1908년 3월 23일, 장인환은 오클랜드 선창에서 하차하는 스티븐스를 권총으로 저격하여 사살하였다. 장인환은 즉시 체포되었고 사형이 구형되었다. 그러나 교포의 재판후원회와 변호인들이 그의 거사는 애국 행위라는 점을 들어 무죄를 주장하여 2급살인죄로 25년 금고형 판결을 받았다. 이후 샌 퀜틴 교도소에서 복역하다가 10년 만인 1919년 1월에 가석방되었다.

장인환은 1927년 4월에 귀국하여 평양에서 결혼하였으나 일제의 끈질긴 감시를 이기지 못하고 홀로 미국으로 돌아갔다. 이후 실의와 병고 끝에 1930년 5월 22일 병실에서 투신하여 생을 마감했다.

1962년 건국훈장 대통령장이 추서되었다.

038

이남규
李南珪

1856~1907, 자 원팔元八, 호 산좌汕左 · 수당修堂, 본관 한산韓山

이남규(李南珪)는 관직이 참판(參判)[61]에 이르렀다. 성품이 깐깐했으며, 문장에 능했다. 갑오년(1894)에 일본 공사 오토리 게이스케(大鳥圭介, 1833~1911)가 군대를 이끌고 도성으로 들어오자, 이남규는 상소를 올려 힐문하기를 청했다. 그들은 아무 이유도 없이 군사작전을 핑계 대며 국교를 유린했기 때문이다. 일본인들은 앙심을 품었다. 충청남도 예산의 고향집에 머무르면서 사우(士友)들과 강학을 하였는데, 유림의 존중을 받았다. 정미년(1907) 가을에 이르러 일본인들이 의병과 내통을 한다고 무고(誣告)하여 충청남도 공주(公州) 감옥에 가두고는 물었다.

"그대는 의병을 일으키려고 했는가?"

이남규가 하늘을 보고 웃으며 손가락으로 가슴을 가리키며 말했다.

---

61 참판(參判) : 조선 시대에, 육조(六曹)에 둔 종이품 벼슬. 판서의 다음 서열이다.

"백만 의사(義士)가 여기 있는데, 꺼낼 수 없음이 한이다."

일본인들은 그를 꺾을 수 없다는 것을 알고는 석방하여 돌아가게 하였다. 오래지 않아 일본 군대가 갑자기 와서 가마에 타라고 다그쳤는데 거절해도 소용없었다. 마침 부친의 제삿날이어서 하룻밤만 늦춰달라고 했지만 역시 허락하지 않았다. 이에 충청남도 온양군(溫陽君) 평촌(平村)으로 달려갔다. 텅 빈 들판에 사람이 없었다. 일본 병사들이 갑자기 가마에서 끌어내렸다. 칼을 빼들고 위협하자 이남규가 화를 내면서 말했다.

"개돼지들아! 어서 나를 찔러라!"

일본 병사가 곧장 그의 목을 쳤는데, 욕설이 그의 입에서 끊이지 않다가 죽었다. 그의 아들이 울부짖으며 손으로 칼날을 막았는데 일본 병사가 또 그를 베어 죽였다. 가마를 멨던 종복(從僕)들이 분통한 마음을 못 이기고 돌을 주워 일본 병사를 때리다가 모두 총에 맞아 죽었다.

【보충해설】

이남규는 공조참의(工曹參議)·우부승지(右部承旨)·참판 등을 역임했다. 1894년 일본공사 오토리 게이스케가 군대를 이끌고 서울로 들어오자 일본의 무도함을 규탄하는 상소를 올렸다. 1895년 을미사변 때는 민비 시해에 대한 억울함을 상소하였다가 받아들여지지 않자 사직하고 낙향했다. 1906년 일본군에게 패하고 쫓기던 홍주 의병장 민종식(閔宗植, 1861~1917)이 찾아오자 은신시켜주었다. 민종식의 참모이자 이남규의 족친인 이용규(李容珪, 1859~

1924)가 이남규의 집 근처에서 홍주 탈환 작전 본부를 차릴 것을 청하자 이에 응했다. 10월 5일 거사 준비가 완료되었으나 거사를 앞둔 시점에 계획이 누설되었다. 충청관찰사 김가진(金嘉鎭, 1846~1922)이 일본 헌병과 관군 수십 명을 이끌고 와서 이남규와 아들 이충구(李忠求, 1874~1907), 이용규 등을 체포해 갔다. 혹독한 고문에도 민종식의 거처에 대해 발설하지 않던 이남규는 고문을 견디지 못한 아들이 죽으려고 혀를 깨물자 민종식의 거처를 알려주었다. 그즈음이면 민종식이 다른 곳으로 피난을 했을 시간임을 계산하고 알려준 것이다. 일본군은 탐문수색 끝에 민종식을 찾아냈고, 이남규는 홍주의진과 무관하다는 이유로 석방되었다. 그러나 친일 단체인 일진회(一進會) 회원들로부터 이남규가 홍주의진과 관련이 있다는 밀고가 이어지자 일본군은 1907년 8월 19일 다시 이남규의 집을 찾았다. 당시 가마를 타고 가는 이남규를 아들 이충구가 따라나섰다. 충청남도 온양 위암촌(巍岩村) 냇가에 이르렀을 때 일본군이 군도(軍刀)로 아들을 내려치려고 하자 이남규가 맨손으로 그 칼날을 막다 손가락이 모두 잘려나갔다. 그때 이남규는 자신을 보호하려던 아들과 함께 죽임을 당했다. 이남규의 가마를 멨던 노비 김응길(金應吉)은 가마에서 막대기를 뽑아 군도를 든 일본군에게 저항하다 역시 죽임을 당했다.

이남규에게는 1962년 건국훈장 독립장이 추서되었고, 아들 이충구에게는 1991년 건국훈장 애국장이 추서되었다.

충남 예산의 이남규 고택 ©한국민족문화대백과사전 한국학중앙연구원

039

안중근
安重根

1879~1910, 자 응칠應七, 호 미상, 본관 순흥順興

안중근(安重根)은 자가 응칠(應七)이고, 황해도 해주(海州) 사람이다. 아버지 안태훈(安泰勳, 1862~1905)은 진사(進士)였는데 기개와 절조가 있었으며, 갑오년(1894) 동학난에는 향병을 모집하여 토벌하였다. 안중근은 이때 나이가 열다섯으로 군대를 따라 나서 돌격하였는데 총을 쏘아 헛맞힌 적이 없었다. 을사년(1905) 10월에 함께 일을 도모할 재주 뛰어난 사람들을 찾기 위해 중국 옌타이(煙台) · 자오저우(膠州) · 위하이(威海) · 상하이(上海) 등지를 두루 다니다가, 부친상의 소식을 듣고 귀국하였다. 다음해 봄 평안남도 삼화(三和) 진남포(鎭南浦)로 이주하여 삼흥학교(三興學校)를 설립 운영하며 청년들을 교육하였다. 정미년(1907) 7월 이토 히로부미(伊藤博文, 1841~1909)가 황위를 강제로 선위하게 하고 군대를 해산하게 하였다. 안중근은 죽기를 각오하고 거사하려 하였으나 일본인들이 천하를 덮을 듯 그물처럼 촘촘히 경비하여 성사시킬 방법이 없었다.

드디어 러시아령 블라디보스토크로 숨어 갔는데, 대한제국

사람이 가장 많이 이주한 땅이며 일본인의 세력 범위 밖에 있었기 때문이다. 동지 열두 명을 얻고 손가락을 잘라 혈맹을 맺었고, 날마다 의용군을 모집하고 군대를 편성하여 300여 명을 얻었다. 드디어 기유년(1909) 6월 의병 깃발을 들고 러시아령에서 출발하여, 두만강을 건너 함경북도 경흥군(慶興郡)에 들어가 일본인들을 습격하고 세 차례 교전을 치르며 50여 명의 적군을 죽였고, 함경북도 회령군(會寧郡)으로 진출하여 일본 군영을 습격하였다. 일본인들이 각지에 주둔한 병사들에게 급전을 보냈는데, 5,000명이 모여 매우 맹렬하게 포격하였다. 안중근은 그 공격을 정면으로 맞서며 한나절 격전을 치렀는데, 부대에는 구원병도 오지 않고 탄약도 다하여 끝내 무너져 흩어졌다. 안중근을 따르는 자는 두 사람에 불과하였다. 고갯길은 매우 험난하였고 추격대는 아주 바짝 쫓아왔기에 낮에 숨었다가 밤에 행군하며 5일 동안이나 굶어서 따르는 사람들은 피로가 극심하였는데, 안중근의 기세는 여전하였다. 다시 도모하기 위해 이리저리 헤매며 러시아령으로 갔다.

이에 이르러 이토 히로부미가 만주를 시찰한다는 소식을 듣고 우덕순(禹德淳, 1880~1950) · 유동하(劉東夏, 1892~1918) · 조도선(曺道先, 1879~미상) 동지 세 사람과 콴청쯔(寬城子)로 함께 갔다. 이토 히로부미가 올 시간을 정탐하여 기다렸다가 저격하려 하였으나 어디에서 그와 대면할지 알 수 없었다. 우덕순과 조도선 두 사람은 콴청쯔에 남아 기다리고 안중근은 하얼빈(哈爾濱)으로 갔다. 이토 히로부미는 10월 25일 콴청쯔에서 묵었고,

이른 아침 러시아 철도국에서 특별열차를 보내 맞이하였는데, 오전 9시에 하얼빈 역에 도착하였다. 러시아 경위병 수천 명과 각국의 영사단 및 관광객들이 숲처럼 늘어섰다. 군악이 끊임없이 연주되고 화포(花砲)가 경쟁하듯 터졌다. 이토 히로부미가 열차에서 내려 러시아 대신과 악수를 하고, 군대의 경례를 받으며 천천히 각국 영사들이 있는 곳으로 걸어갔다. 안중근은 양복을 입고 권총을 쥐고 러시아 군대 뒤에 서 있었다. 열 걸음 거리가 되기를 기다렸다가 갑자기 들어서서 총을 들고 한 발을 이토 히로부미의 가슴에 맞혔다. 화포가 어지럽게 발사되어 군인들은 알아차리지 못했다. 두 번째는 갈비뼈를 맞혔다. 군경과 환영단이 비로소 알아차리고 겁에 질려 도망갔다. 세 번째는 배를 맞혔다. 이토 히로부미는 땅에 고꾸라졌다. 다시 일본 총영사 가와카미 도시히코(川上俊彦, 1862~1935), 비서관 모리 야스지로(森泰二郎, 1863~1911), 철도국 총재 다나카 세이타로(田中清太郎, ?~?) 세 사람을 향했고, 쏘아서 모두 거꾸러뜨렸다. 권총에 있던 여섯 발이 연거푸 명중하는 일은 세상에 없던 것이다. 안중근의 이 담대한 용기와 사격술은 천하에 짝할 자가 없었다. 수천의 군대가 모두 흩어져 달아나 감히 가까이 오지 못했다. 잠시 후 탄환이 떨어져 총소리가 나지 않자, 군인들은 비로소 모여들어 안중근의 총을 빼앗아 헌병에게 넘겨주었다. 안중근은 즉시 라틴어로 '대한독립만세'를 세 번 외치고 포박당하였다.[62] 안중근은 껄껄 웃으며 말했다.

"내가 어찌 도망가겠는가. 내가 도망하려 했다면 나는 사지

(死地)에 들어오지도 않았을 것이다."

이토 히로부미는 10분을 넘기지 못하고 바로 죽었다. 이 일이 알려지자 온 세상 사람들은 낯빛을 바꾸며 "대한제국에도 사람이 있구나."라고 말하지 않는 자가 없었다. 러시아 사진사가 안중근이 이토 히로부미를 사살하는 장면을 찍어 세계에 특종을 제공하니, 일본인들이 6천금을 내고 구입해 갔다.

안중근이 구속되어 뤼순(旅順) 감옥에 이르자, 쇠사슬로 묶고 학대가 심하였다. 안중근이 꾸짖어 말하였다.

"나는 대한제국 의병장이니 너희 나라 대관과 동등하게 대우하는 것이 옳다. 그런데 이런 야만적 폭력을 가하느냐."

일본 검사가 매일 감옥에 와서 위력으로 굴복시켜보려고, 화를 내며 엄히 심문하기를 곧 때려죽일 것처럼 하였다. 그러나 안중근은 조금도 굴하지 않고 매우 거세게 항변하였다. 검사는 억지로 굴복시킬 수 없음을 깨닫고, 마침내 쇠사슬을 치우고 한국어 하는 자를 시켜서 날마다 달콤한 말로 회유하며 맛있는 음식과 지필(紙筆)과 서적(書籍)들로 그의 비위를 맞춰주게 하였다. 일본인 사카이 기메이(境喜明, ?~?)·소노키 지로(園木次郎, ?~?) 두 사람이 와서 구슬리기를, 오해해서 벌인 일이라고 자복한다면 반드시 특별 사면을 받게 될 것이라고 하였다. 안중근은 "내가 구차하게 살고자 했다면 어찌 이 거사를 했겠는가. 내

62 저본에서는 라틴어로 외친 것으로 되어 있지만, 안중근의 공판기록에 의하면 이때 러시아어로 "Corea Ura!"라고 외쳤다고 한다.

가 이토 히로부미를 쏘았을 때에 이미 죽기로 각오한 것이다. 오늘까지 살게 된 것도 뜻밖이다. 나는 삶을 원치 않으니 너희는 나를 회유하지 말라."

하고 웃었다.

일본 정부와 법원은 이리저리 의논하여 그의 자복을 받을 것을 바라며 2백여 일 동안 위세로 협박하고 이익으로 유혹하며 온갖 방법을 동원하였으나, 거절은 더욱더 준엄하였다. 감옥에서 생각이 한가해지면 시를 읊거나 저술하기도 하였다. '인심은 위태롭고 도심은 은미하다[人心惟危, 道心惟微]'[63]는 두 마디 말로 스스로 성찰하였고, 『동양평화론(東洋平和論)』 수만 마디의 글을 써서 자신의 주장을 발표하였다. 일본인들도 그 의로움을 사모하여 그의 필적을 얻어가는 자들이 많았는데, 응해주기를 귀찮아하지 않아서 써준 글씨가 2백여 폭이나 되었다. 아아, 그 태연자약함이여.

공판이 개시되자 법관이 물었다.

"그대는 어찌하여 이토 히로부미 공을 죽였는가?"

안중근이 말했다.

"귀국이 러시아와 전쟁을 시작할 때 귀국의 황제는 천하에 선포하기를 우리의 독립을 지켜줄 것이라고 하였다. 우리나라 사람들이 모두 감동하여 그 말을 믿고, 일본 군대의 승리를 기

63 『서경(書經)』 「대우모(大禹謨)」 편에 나오는 말로, 사람의 마음은 사사로움에 기울어지기 쉬워 위태롭고, 도심은 밝히기 어려워 은미하다는 뜻이다.

원하였다. 러시아를 물리친 뒤에 이토 히로부미는 군대로 우리의 임금과 신하를 위협하여 우리의 독립을 빼앗았다. 이것은 분명 귀국 황제의 뜻이 아니라 이토 히로부미가 공을 탐내어 저지른 것이다. 이 자는 세계 인륜 도덕의 적이며 우리 대한 만대의 원수이니, 어찌 죽이지 않을 수 있는가. 나는 대한 의병 참모장이다. 의병을 규합하고 또 군함(軍艦)을 구입하여 이토 히로부미를 격살하고 우리의 독립을 회복하려 하였다. 마침 이토 히로부미가 하얼빈에 온다는 말을 듣고 내가 홀로 먼저 가서 죽인 것이다. 그러므로 나는 적국에게는 한 사람의 전쟁 포로 자격을 갖는다. 형사재판의 피고로 나를 대우하는 것은 부당하다."

이에 이토 히로부미의 열세 가지 대죄를 열거하였다.

첫째, 대한제국의 독립을 파괴한 일.
둘째, 명성황후를 시해한 일.
셋째, 태황제를 폐위한 일.
넷째와 다섯째, 조약을 강제로 체결한 일.[64]
여섯째, 교과서를 불태운 일.
일곱째, 신문 잡지를 금지한 일.
여덟째, 사법권을 접수한 일.

64 이 부분을 "넷째 5조약을 강제로 체결한 일"로 번역하여 다섯째를 누락한 것으로 볼 수도 있겠으나, 넷째와 다섯째로 1905년의 을사늑약과 1907년의 정미늑약 두 늑약을 한꺼번에 언급한 것으로 해석할 수도 있어서 후자의 가능성을 염두에 두고 번역하였다.

아홉째, 군대를 해산한 일.
열째, 무고한 양민을 살육한 일.
열한째, 세계의 이목을 기만한 일.
열둘째, 국채 1천만 원을 거둬간 일.
열셋째, 동양 평화를 교란한 일.

이 각 조항마다 설명을 매우 길게 하였는데, 일본인들은 그 말이 누설될 것이 두려워 기록을 감춰두었다. 몇 시간에 걸쳐 매섭게 따졌는데 웅변이 도도하고 눈빛이 번개와 같아 방청객들이 낯빛이 변하지 않는 자가 없었다. 또 부르짖었다.

"이토 히로부미는 우리나라에만 제멋대로 폐하고 시해하는 대죄를 지었을 뿐만이 아니라, 귀국에게도 죄를 지었다."

법관이 말했다.

"무슨 말인가?"

안중근이 말했다.

"귀국의 선황제 고메이(孝明)[65]의 일이다."

법관 등이 갑자기 얼굴이 흙빛이 되어 급히 손을 내저으며 방청을 중지시켰다.

최종 공판 뒤에 두 아우 안정근(安定根, 1885~1949)과 안공근(安恭根, 1889~1939)에게 말하였다.

65 일본 천황 메이지(明治)의 부친. 1831년 태어나 1846년 즉위하고 1867년 사망하였다. 천연두로 인해 36세에 죽은 것으로 되어 있지만, 안중근은 이토 히로부미 등의 개화파가 수구 정치를 추구하는 고메이를 살해했다는 의혹을 폭로한 것이다.

"내가 죽은 뒤에 내 뼈를 하얼빈 공원 옆에 묻었다가, 우리 국권이 회복된 뒤에 고향 땅에 가져다 장례를 치러 다오."

경술년(1910) 2월 16일 사각(巳刻, 오전 10시)에 형장에 서서 기뻐하며 말하였다.

"나는 대한 독립을 위해 죽는다. 동양 평화를 위해 죽는다. 죽음에 어찌 유감이 있을쏘냐."

마침내 한복으로 갈아입고 태연자약하게 형을 받았다. 이 해 서른두 살이었다.

【보충해설】

1935년 5월 2일 『신한민보』에 실린 안중근 ©국사편찬위원회

안중근의 이토 히로부미 저격 살해에 대해 대한제국 순종이 사과의 뜻으로 이토의 유족들에게 10만 원을 전달하는 등 당시 친일화한 조선 정부는 안중근 의거를 범죄시했다. 사건 이후 안중근의 부인과 자제들은 러시아 연해주로 이주했는데 동포들이 '안중근 유족 구제공동회'를 결성하여 유족의 정착을 도왔으나 큰 힘이 되지는 못하였다. 얼마 뒤 유족들은 중국 헤이룽장성(黑龍江省)으로 이주했는데 여기서 안중근의 장남 안분도(安芬道)가 죽었다. 유족들은 밀정에 의한 독살을 의심하였다. 여

기저기 떠돌다가 다시 일제에 포착된 안중근의 차남 안준생(安俊生)은 1939년 이토 히로부미의 차남 이토 분키치와 화해하는 연출 장면에 강제 동원되는 수모를 겪기도 하였다. 생계가 어려웠던 안준생은 일제의 회유에 일정하게 순응하여, 조선의 배신자로 낙인찍히는 이중의 불행을 겪게 되었다. 안중근은 이토 히로부미를 저격하면서 자신의 목숨만 내놓은 것이 아니었던 것이다.

1962년 건국훈장 대한민국장이 추서되었다.

고종 퇴위 후 퇴궐하는 이토 히로부미 ©국사편찬위원회

040

우덕순
禹德淳

1879~1950, 자 미상, 호 단운檀雲, 본관 미상, 이명 우연준禹連俊

우덕순(禹德淳)은 충청북도 제천(堤川) 사람이다. 집안이 가난해서 개성에서 잡화상을 열었다. 을사늑약의 소식을 듣고, 마침내 블라디보스토크로 가서 동지를 구하여 안중근(安重根, 1879~1910)과 함께 손가락을 잘라 혈맹을 맺었다. 이토 히로부미(伊藤博文, 1841~1909)가 하얼빈에 온다는 것을 듣고, 안중근과 함께 중요한 길목을 막고 저격하려고 하였으나 어디에서 그와 마주칠지 알 수 없었다. 우덕순은 콴청쯔(寬城子)에서 기다리고 안중근은 하얼빈(哈爾濱)으로 갔는데, 이별의 눈물이 하염없이 흘러 떨어지려 하고 그 광경이 비장하여 보는 사람들이 매우 이상하게 여겼다. 이토 히로부미가 도착할 즈음, 순찰병이 여관 주인을 시켜 문을 닫아걸고 손님을 가두어 나가 보는 것을 금지하는 등 경계가 매우 치밀하여 계획을 실현할 수 없었다. 열차 소리를 듣고서야 이토 히로부미가 이미 지나간 것을 알게 되었다. 안중근은 체포되었고, 우덕순이 심문을 받을 때 안중근과 똑같이 말을 해서 공판에서 3년 징역에 처해졌다.

일본인들은 또 그의 앞날의 행동이 두려워 다른 죄를 추가해서 함경남도 함흥(咸興) 감옥으로 이감시켰다. 우덕순은 마침내 스스로 목을 베었다.

【보충해설】

우덕순은 1904년 블라디보스토크로 망명한 뒤 안중근과 함께 항일단체인 동의회(同義會)에 가입하고 국내 진공 작전에도 참여했다. 1909년 이토 히로부미가 하얼빈에 온다는 정보를 입수하고, 안중근 · 조도선(曺道先) · 유동하(劉東夏) 등과 함께 그를 처형할 계획을 세웠다. 차이자거우(蔡家溝)를 맡았던 우덕순은 러시아 경비병의 삼엄한 경비로 인해 거사를 실행하지 못했으나, 1909년 10월 26일 안중근이 하얼빈에서 이토 히로부미를 저격하여 사살했다. 안중근은 현장에서 체포되어 사형이 선고되었고, 우덕순은 징역 3년형, 조도선 · 유동하는 징역 1년 6개월형을 언도받았다.

이후 우덕순은 1915년에 출옥해서 만주로 망명했다. 1931년 만주사변으로 일제가 만주를 장악한 뒤에는 요시찰인으로 감시를 받아 여러 차례 투옥되었다. 이후 귀국하여 1948년 대한국민당 최고위원으로 추대되었으며, 1950년 6 · 25전쟁 중에 북한군에 의해 살해되었다.

1962년 건국훈장 국민장이 추서되었다.

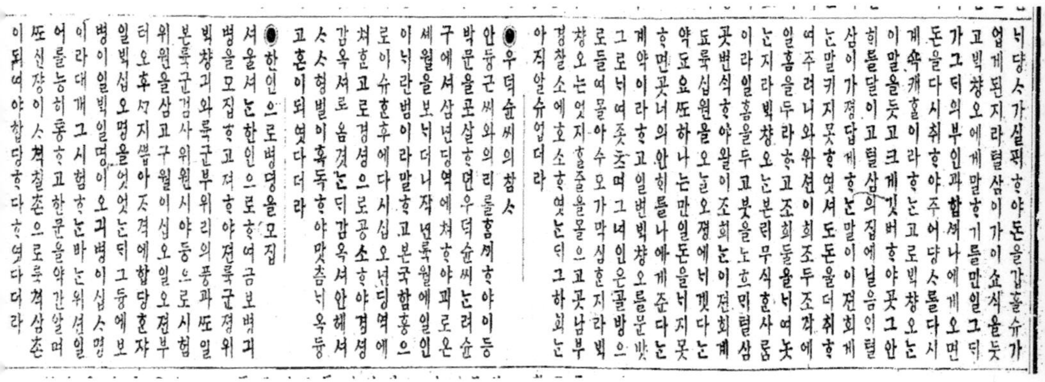

니당ᄉᆞ가실픽ᄒᆞ야돈을갑흘슈가업게된지라텰삼이가이쇼식을듯고빅챵오에게말ᄒᆞ기를만일그ᄃᆡ가그ᄃᆡ의부인과합셰나에게오면돈을다시취ᄒᆞ야주어당ᄉᆞ를다시계쇽ᄒᆞᆯ이라ᄒᆞᄂᆞᆫ고로빅챵오ᄂᆞᆫ이말을듯고크게깃버ᄒᆞ야곳그안히를ᄃᆞᆯ이고텰삼의집에닐으ᄆᆡ텰삼이가졍답게ᄒᆞᄂᆞᆫ말이이졔회게ᄂᆞᆫ말키지못ᄒᆞ엿셔도돈을더취ᄒᆞ여주려니와위션이희조두조각에일홈을두라ᄒᆞ고조희둘을너여놋ᄂᆞᆫ지라빅챵오ᄂᆞᆫ본ᄅᆡ무식ᄒᆞᆫ사ᄅᆞᆷ이라일홈을두고붓을노흐ᄆᆡ텰삼곳변ᄉᆡᆨᄒᆞ야왈이조희ᄂᆞᆫ이젼회계됴륙십원을오ᄂᆞᆯ오졍에너깃다ᄂᆞᆫ약됴요또하나ᄂᆞᆫ만일돈을너지못ᄒᆞ면곳너의안히를나에게준다ᄂᆞᆫ계약이라ᄒᆞ고일변빅챵오를문밧그로너여좃ᄎᆞ며그녀인은골방으로들여몰아수모가막심ᄒᆞᆫ지라빅챵오ᄂᆞᆫ엇지ᄒᆞᆯ줄을몰으고곳남부경찰소에호소ᄒᆞ엿ᄂᆞᆫᄃᆡ그하회ᄂᆞᆫ아직알슈업더라

●우덕슌씨의참ᄉᆞ

안듕근씨와의리를ᄒᆞᆷ께ᄒᆞ야이등박문을쏘살ᄒᆞᆫ면우덕슌씨ᄂᆞᆫ려슌구에셔삼년징역에쳐ᄒᆞ야피로온셰월을보너더니작년륙월에일인이닉란범이라말ᄒᆞ고본국합홍으로이슈ᄒᆞᆫ후에다시십오년징역에쳐ᄒᆞᆫ고로경셩으로공소ᄒᆞ야경셩감옥셔로옴겻ᄂᆞᆫᄃᆡ감옥셔안에셔ᄉᆞᄉᆞ형벌이혹독ᄒᆞ야맛츰너옥듕고혼이되엿다더라

●한인으로병뎡을모집

셔울셔ᄂᆞᆫ한인으로ᄒᆞ여금보병과병을모집ᄒᆞ고져ᄒᆞ야젼륙군졍위빅챵긔와륙군부위리의풍과또일본륙군검사위원시야등으로시험위원을삼고구월이십오일오젼부터오후ᄭᅡ지ᄲᅩᆸ아ᄌᆞ격에합당ᄒᆞᆫ자일빅십오명을엇엇ᄂᆞᆫᄃᆡ그듕에보병이일빅일명이오긔병이십ᄉᆞ명이라대개그시험ᄒᆞᄂᆞᆫ바ᄂᆞᆫ위션일어를능히통ᄒᆞ고한문을약간알며또신쟝이ᄉᆞ쳑칠촌으로ᄉᆞ쳑삼촌이되여야합당ᄒᆞ다ᄒᆞ엿다더라

1911년 10월 25일 『신한민보』의 ‘우덕순씨의 참사’ 기사 ⓒ국립중앙도서관

『한국통사(韓國痛史)』와 『기려수필(騎驢隨筆)』에는 우덕순의 죽음에 대한 기록이 보이지 않는데, 『대한망국사열전』에 그가 이미 죽었다고 기록된 내용은 그 출처를 알 수가 없다. 다만 당시 언론에 우덕순의 참사를 다룬 보도가 있었던 점에서 미루어 볼 때 이러한 것을 근거 삼아 기록했을 것으로 추정된다. 그러나 2019년 8월 13일 한국방송공사(KBS) 특집 방송 〈밀정〉에 의하면, 안중근의 이토 히로부미 저격 후 공범자로 징역 3년형을 살고 나온 우덕순은 1920~30년대 하얼빈과 치치하얼(齊齊哈爾) 등 만주 지역에서 친일 단체인 조선인민회의 간부로 활동했다. 조선인민회는 일제가 당시 조선인들을 통제하기 위해 만든 친일 단체로, 우덕순은 일본의 정보기관인 특무기관과 밀접한 관계였으며 조선인과 독립운동가를 감시하고 활동 정보를 수집하여 넘긴 것으로 보도되었다.

041

안병찬
安秉瓚

1854~1921, 자 치규穉圭, 호 규당規堂, 본관 순흥順興, 이명 안병찬安秉燦 · 안병찬安炳燦 · 한일선韓一善[66]

안병찬(安秉瓚)은 평안북도 의주(義州) 사람이다. 법학과를 졸업하고, 평리원(平理院) 주사(主事)가 되었다. 이토 히로부미(伊藤博文, 1841~1909)가 을사늑약을 체결하였을 때 도끼를 가지고 항의 상소를 올려 오적(五賊)을 베어버릴 것을 청하였다. 그때 반대하던 대한제국 사람들은 모두 체포되었는데, 안병찬은 경무청에 몇 개월 구금되었다가 풀려났다. 평안북도 재판소의 검사가 되었는데, 곧이어 탄식하며 말하였다.

"일본인 세상에서 내가 벼슬을 해야 하겠는가!"

즉시 관직을 버리고 돌아갔다. 살아갈 방도가 없자 변호사로 직업을 삼았다. 이즈음 안중근(安重根, 1879~1910)의 일로 한국 변호사를 청하였는데 여러 변호사들은 모두 두려워 감히 가지 못했으나 안병찬은 결연히 응하였다. 일본어가 통하는 사람과 함께 뤼순(旅順)으로 갔다. 일본 경찰 몇 사람이 정거장까지 급

66 → 4번 안병찬 항목 참조

히 추격해서 그의 짐을 빼앗고 그를 저지하였다. 안병찬이 그들을 꾸짖으며 말했다.

"나는 법률에 따라 행동하는 것인데 강제로 제압하려고 하느냐? 일본 경관으로서 이렇게 불법을 저지른다면 일본에는 법률이 없는 것이니, 나의 치욕이 아니고 바로 일본의 치욕이다. 세상에 이른바 법률이라는 것이 없다면 그만이지만, 참으로 법률이 있으면서 이렇게는 못한다."

일본 경찰이 사죄하며 고개를 숙이고 물러났다. 여정(旅程)에 오르니 일본 헌병 세 사람이 묵는 여관마다 따라다니면서 반드시 지켜 섰다. 보호인가, 감금인가? 그가 뤼순에 도착해서 안중근의 면회를 청했으나 허가가 나지 않았다. 안중근의 동생이 서면(書面)으로 통하기를 청했지만 역시 허가가 나지 않았다. 그 이유를 물으니 검사가 말했다.

"네 형이 한국에서 변호사가 왔다는 소식을 듣고는 본국 사람들의 공감을 얻었다고 여겼는지 말하는 기세가 전보다 더욱 높아졌다. 만약 면회를 허가해준다면 틀림없이 자신의 주장을 발표하고, 기염(氣焰)은 더욱 드세질 것이다. 이 때문에 허가해주지 않는다."

공판 기일이 되었는데도 한국과 외국 변호사들 모두 허가하지 않았다. 안병찬은 법원장 마나베 주우조(眞鍋十藏, ?~?)에게 말했다.

"일본이 매번 이렇게 한국인들에게 불법을 가하여 한국인들의 격분이 갈수록 더욱 심해지고 있다. 장래에 몇 백 몇 천의 안중근이 생겨날지 모르겠다."

안병찬은 수차례 법원장을 향해 목숨 걸고 따졌다.

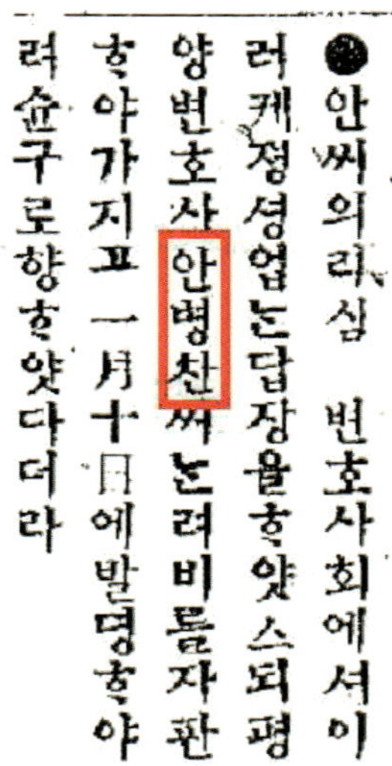
●안씨의리、심 변호사회에셔이러케졍셩엽논답장을ᄒᆞ얏스되평양변호사안병찬씨논려비릅자판ᄒᆞ야가지고 一月十日에발뎡ᄒᆞ야려슌구로향ᄒᆞ얏다더라

1910년 2월 9일 『신한민보』에 실린 안병찬의 안중근 변호 관련 기사
©국립중앙도서관

042

조도선 曺道先 / 유동하 劉東夏

* 1879~?, 자 미상, 호 미상, 본관 미상
** 1892~1918, 자 미상, 호 미상, 본관 미상

조도선(曺道先)과 유동하(劉東夏)가 중국 지린(吉林)에 있을 때 안중근(安重根, 1879~1910)이 방문하여 이토 히로부미(伊藤博文, 1841~1909)를 죽이자고 하니 둘 다 승낙하고, 함께 하얼빈(哈爾濱)으로 갔다. 안중근이 체포되자 나란히 구속 수감되어 수백 일의 징역형에 처해졌다.

【보충해설】

안중근 사건으로 1년 6개월의 형을 당하고 난 뒤 조도선의 행적은 알려져 있지 않으나, 유동하는 1918년 볼셰비키 혁명 당시 러시아에 거주하던 조선인들과 혁명군에 가담하였다가 일본군에게 붙잡혀 총살당하였다고 한다.

조도선에게는 1962년 건국훈장 독립장이 추서되었고, 유동하에게는 1988년 건국훈장 독립장이 추서되었다.

043

이재명
李在明

1887~1910, 자 미상, 호 미상, 본관 미상

이재명(李在明)은 평안남도 평양(平壤) 사람이다. 어려서 부친을 잃고 13세에 서양 선교사를 따라 미국에 가서 노동으로 자금을 마련해서 귀국했다. 평양에서 뜻있는 사람들과 많이 사귀며 은밀하게 국권 회복을 도모했다. 데라우치 마사타케(寺內正毅, 1852~1919)가 한국으로 건너오기에 앞서 합병설이 매우 떠들썩했다. 동지 김정익(金貞益, 1889~?)과 함께 모의하며 말했다.

"일본인이 강제로 조약을 체결한 것은 실상 우리나라 도적떼가 이익을 탐해서 나라를 팔아먹고 저들을 위해 창귀(倀鬼)[67] 노릇을 했기 때문에 쉽게 손에 넣을 수 있었던 것입니다. 지금 우리들이 선수를 쳐서 상대를 제압하여 하루빨리 매국노를 제

67 창귀(倀鬼) : 호랑이에게 물려 죽은 사람의 영혼으로 알려진 창귀는 종종 호랑이에게 홀려 호랑이의 사역을 받는 앞잡이 노릇을 한다. 남에게 못된 짓을 하도록 시키는 사람을 비유하는 말로 쓰인다.

거한다면, 저들의 강제 조약을 혹 저지할 수 있고 나라의 운명도 만의 하나 요행을 얻을 수 있을 것입니다. 정부의 이완용(李完用, 1858~1926)과 일진회(一進會)의 이용구(李容九, 1868~1912)는 도적의 우두머리입니다. 이 두 도적을 죽이면 나머지 도적들 또한 모두 위험을 깨달아 감히 조약 체결에 부화뇌동하지 못할 것입니다. 위급한 상황을 구제하는 방법은 오직 이것뿐입니다."

이에 각자 날카로운 칼을 품고 대동강을 건너 서울에 들어가서 두 도적의 동정을 살폈다. 마침 이완용이 천주교회의 초청 손님으로 종현교당(鍾峴教堂)[68]에 가게 되었는데, 이재명이 그것을 듣고 밤 장수로 분장하여 교당의 문밖에서 밤을 구우면서 기다렸다. 이완용이 나오는 것을 보고는 인력거를 가로막고 칼을 뽑았는데 하인이 그를 막았다. 하인을 찌르니 그 자리에서 죽었다. 이완용이 땅에 떨어지자 이때를 틈타 찔렀는데 칼이 복부 깊숙이 들어갔다. 일본 순사들이 급히 이완용을 구하고, 이재명을 체포하여 감옥에 가두고는 살인죄를 적용하여 교수형에 처했다. 이완용은 병원에 입원하여 여러 달 치료를 받고 죽지 않았다.

68 종현교당(鍾峴教堂) : 종현(鍾峴)은 명동(明洞)과 저동(苧洞) 사이에 위치한 곳으로, 종현교당은 지금의 명동성당을 가리킨다.

【보충해설】

이재명 ©국사편찬위원회

이재명은 어렸을 때 미국으로 건너갔는데 을사늑약이 체결되었다는 소식을 듣고 1907년 10월 귀국길에 올랐다. 이재명은 친일매국노인 이완용(李完用)·이용구(李容九)·송병준(宋秉畯) 등을 먼저 제거하는 것이 국권수호의 첩경이라 생각하고, 여러 동지와 야학당(夜學堂)에 모여 그들을 처단할 계획을 세웠다. 1909년 12월 22일 이재명은 서울 종현천주교회당(鐘峴天主敎會堂)에서 열리는 벨기에 황제 레오폴트 2세의 추도식에 이완용이 참석한다는 신문 기사를 보고 군밤 장수로 변장한 뒤 교회당 문밖에서 기다리고 있었다. 이재명은 교당에서 나온 이완용을 칼로 찔러 쓰러뜨리고 '대한독립만세'를 부르다가 일본 경찰에게 체포되었다. 그는 사형이 선고되었을 때 "왜법(倭法)이 불공평하여 나의 생명을 빼앗을 수는 있지만 나의 충혼은 빼앗지 못할 것이다."라고 하며 큰소리로 재판장을 꾸짖었다. 1910년 사형이 집행되어 순국하였다. 이때 그의 나이 24세였다.

1962년 건국훈장 대통령장이 추서되었다.

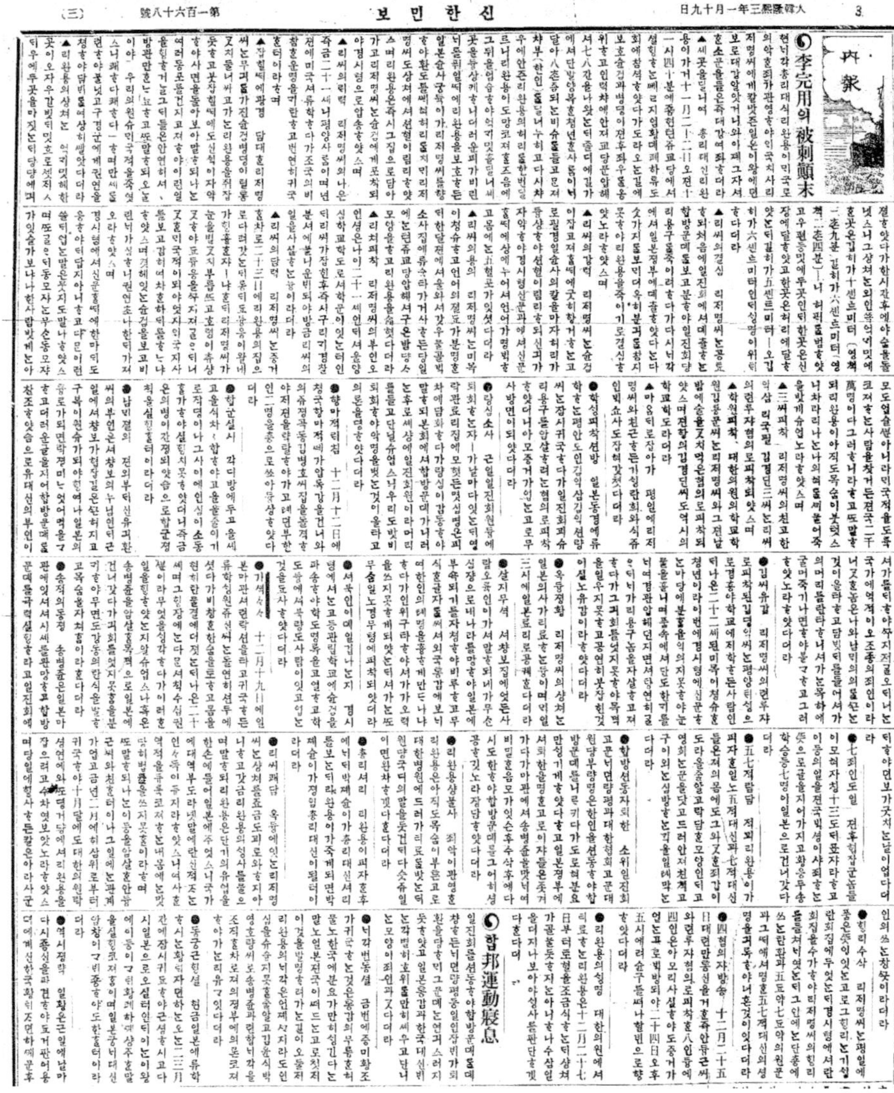

1910년 1월 19일 『신한민보』에 실린 이완용 처단 미수 관련 기사 ©국립중앙도서관

044

김정익
金貞益

1891?~?, 자 미상, 호 미상, 본관 미상

김정익(金貞益)은 평안남도 평양(平壤) 사람이다. 집이 매우 가난해서 남의 집에 고용인으로 더부살이를 했다. 일을 하는 겨를에 노동야학당에 나아가 수업을 받았는데 훌륭한 말이나 선행에 감복하면 오직 실천하지 못할까를 두려워했다. 주인을 섬기는 데 매우 근실하고 또 공손했다. 그러나 기생을 불러오라는 명만은 거절하고 가지 않았다. 사람들이 이것으로써 그의 올곧음을 알았다. 데라우치 마사타케(寺內正毅, 1852~1919)가 합병을 한다는 말을 듣고 이재명(李在明, 1887~1910)과 함께 서울로 들어와 이용구(李容九, 1868~1912)를 찔러 죽이려고 날마다 그 형편을 살폈다. 이재명이 체포되자 또한 검거되었다. 품속에서 칼을 꺼내 땅에 던지면서 말하였다.

"내가 이 칼로 도적놈을 죽이고 나라를 구하고자 하였는데 끝내 이렇게 되고 말았구나."

살인 모의로 종신형에 처해졌다.

【보충해설】

김정익은 평양의 경흥야학교(慶興夜學校) 출신이다. 1909년 이재명과 함께 매국노 처단에 나서기로 했다. 이때 이재명은 이완용을 처단하기로 하고, 김정익은 자신들의 이익을 위해 나라와 민족을 일본에 팔아넘기기에 혈안이 된 친일 단체인 일진회(一進會)의 대표 이용구를 암살하기로 했다. 그러던 중 명동성당 앞에서 이완용을 습격한 사건으로 이재명이 체포될 때 김정익 또한 함께 체포되어 1910년 경성재판소에서 15년형을 선고받고 옥고를 치렀다. 저본에는 김정익이 종신형에 처해졌다고 서술되어 있는데, 이것은 노상익이 잘못 알고 있던 것으로 파악된다. 현재 김정익의 몰년은 확인되지 않는다.

1962년 건국훈장 독립장이 추서되었다.

045

홍범식
洪範植

1871~1910, 자 성방聖訪, 호 일완一阮, 본관 풍산豊山

홍범식(洪範植)은 참판(參判) 홍승목(洪承穆, 1847~1925)의 아들이다. 효성과 우애를 착실히 행하고, 뜻과 절개를 일찍부터 지켰다. 을사년(1905) 이후에는 항상 의기가 북받쳐 슬피 울면서 민충정공(閔忠正公, 閔泳煥, 1861~1905)은 참 잘 해내었다고 하였다. 이 해에 금산군수(錦山郡守)로서 8월 강제합병의 변고를 겪게 되었다. 비밀리에 글을 써서 집안사람에게 부치고 그 부친에게 고별하였는데, 주변 사람들은 알지 못했다. 아무도 몰래 관사로 달려가 비단천으로 목매 죽었다. 벽에 글씨를 남긴 것이 있었는데, "나라가 망하고 임금이 없으니 죽지 않고 어찌하랴[國破君亡, 不死何爲]"라는 여덟 자였다.

【보충해설】

홍범식이 자결하였을 때 그의 장남에게 "죽을지언정 친일을 하지 말고 훗날에라도 나를 욕되게 하지 말라"는 내용의 유서를 남졌다고 한다. 그의 장남은 소설 『임꺽정』의 작가요, 식민지 조선 좌우합작 조직 신간회의 주모자요, 북한 공산당 정권의 부수상을 지내게 되는 홍명희(洪命熹)였다. 부친의 서거 당시 일본 도쿄에 유학하고 있던 홍명희는 유서를 받아들고 학업을 포기한 채 귀국하였고, 평생 부친의 당부를 어기지 않았다.

1962년 건국훈장 독립장이 추서되었다.

충북 괴산의 홍범식 고가 ©한국민족문화대백과사전 한국학중앙연구원

046

김도현
金道賢

1852~1915, 자 명옥明玉, 호 벽산碧山, 본관 김녕金寧, 본명 김도현金燾鉉, 이명 김도현金道鉉[69]

김도현(金道賢)의 자는 명옥(明玉)으로 경상북도 영양군(英陽郡) 사람이다. 강개한 기운이 있었고, 이만도(李晚燾, 1842~1910)와 도의로 사귀었다. 일찍이 나라를 위해 절의를 행하려고 하였으나, 모친이 살아계셔서 감히 죽을 수 없었다. 경술년(1910)에 나라가 망하자 이만도와 함께 죽으려고 하였다. 모친이 말했다.

"내가 살아있는데 어찌 차마 보겠느냐?"

69 국가보훈처에 등록된 독립운동가 '김도현(金燾鉉, 1852~1915)'의 자는 명옥(鳴玉), 호는 벽산(碧山), 본관은 김녕(金寧), 이명은 김도현(金道鉉)이며 경북 영양 출신이다. 『기려수필(騎驢隨筆)』에 김도현(金燾鉉)으로 되어 있고 『한국통사(韓國痛史)』에는 김도현(金道賢)으로 되어 있는데, 두 책에 기술된 내용이 유사하여 동일인물을 지칭하는 것으로 보인다. 또한 『한국통사(韓國痛史)』에서 김도현(金道賢)을 영양 유생으로 소개하고 있어, 김도현(金燾鉉)을 가리키는 것으로 보인다. 이에 따라 저본의 김도현(金道賢)은 김도현(金燾鉉)과 동일 인물인 것으로 추정된다.

결국 어쩔 수 없이 참고 견뎠다. 갑인년(1914) 11월에 모친상을 당하게 되자, 비로소 경상북도 영해(寧海)의 관어대(觀於臺)[70]로 달려가 바다에 몸을 던졌다. 이 달 7일로 동짓날이었고 나이 63세였다. 그 아들에게 당부하며 말했다.

"내 시신을 거두지 말라. 거두면 나의 뜻을 어기는 것이다."

원근의 인사 중에 조문 오는 사람이 많았는데, 충(忠)과 효(孝) 두 가지를 완성했다고 칭했다. 그 집안사람들은 바닷물고기를 먹지 않았다. 대저 한순간에 죽음을 결단할 수도 있겠으나, 지금 5년의 오랜 시간이 지나서 끝내 뜻한 바를 이루었으니 더욱 어려운 일이 아니겠는가? 그 절명사(絕命詞)에 말했다.

> 나는 조선 500년 말엽에 태어나
> 붉은 피가 빈 창자에 가득했네.
> 그 사이 19년이 지나[71]
> 귀밑머리 늙어 가을 서리 되었구나.
> 나라 망하여 눈물이 그치지 않는데
> 부모님 돌아가시니 부질없이 마음만 상하네.
> 만 리 바다를 보고자 하네
> 7일 양기가 회복되는 날에.
> 고향 푸른 산에 홀로 서서

70 관어대(觀於臺) : 경상북도 영해부(寧海府)에 있던 누대인 관어대(觀魚臺)를 가리킨다. 영해부는 지금의 경상북도 영덕이며, 관어대는 경북 영덕군 영해면 상대산(上臺山) 서쪽에 자리하고 있다.

71 1896년 2월에 의병을 일으킨 지 19년이 되었음을 의미한다.

백 가지 꾀를 내도 한 가지 방책이 없네.
희고 흰 천 길의 물결
내 한 몸 감추기엔 족하리라.

【보충해설】

1895년 민비시해사건과 단발령 공포에 분격한 유생들이 전국 각지에서 의병을 일으켰다. 김도현은 1896년 2월 영양 · 안동 지방의 의병을 모아 경상북도 봉화군(奉化郡) 청량산(淸凉山)에서 봉기했다. 1905년 을사늑약이 체결되었다는 소식을 접한 김도현은 영남의 선비들과 함께 상경해서 상소를 올리고자 하였으나 뜻을 이루지 못하자 자결, 순국하려고 하였다. 그러나 동지의 만류로 실패하고 귀향했다. 1907년 정미의병 당시에는 이만도(李晩燾)와 함께 의병을 일으켰다. 1914년 11월 모친이 세상을 떠나자 영해의 관어대에 나아가 유서와 절명시를 남기고 바다에 투신했다.

1962년 건국훈장 독립장이 추서되었다.

김도현의 칼 ⓒ문화재청

김도현은 항일운동을 위해 개인 재산을 내어 검산성(劍山城)을 쌓았다. 경상북도 영양군 청기면(靑杞面)에 위치한 검산은 동쪽에 하천이 흘러 절벽을 이루고 북쪽과 서쪽은 경사가 심하며 남쪽은 경사가 완만한 대지를 이루고 있다. 산성은 이러한 산의 지형을 이용하여 산 정상에서 남쪽을 향하여 서쪽과 남쪽에 성벽을 쌓아 올렸다. 서쪽의 경사면에는 약 200m 길이의 돌과 흙을 섞어 쌓았던 성벽의 흔적이 남아있다. 검산성은 둘레가 약 500m로 비교적 작은 규모지만 나라를 구하기 위해 사비를 내어 쌓은 성이며, 실제로 의병이 주둔했었던 곳으로 역사적으로 뜻깊은 유적이다.

김도현이 축성한 검산성(劍山城) ©문화재청

047

황현
黃玹

1855~1910, 자 운경雲卿, 호 매천梅泉, 본관 장수長水

황현(黃玹)의 자는 운경(雲卿)이고, 전라남도 구례군(求禮郡) 사람이다. 문장과 기개와 절조가 사림(士林) 가운데 으뜸이었다. 세상에 간행된 『매천집(梅泉集)』이 있는데, 매천은 그의 호이다. 그의 벗 김택영(金澤榮, 1850~1927)은 그를 위해 전(傳)을 지었다. 절명사(絕命詞) 4수(首)를 지어 그의 문인에게 주고, 약을 마시고 죽었다. 그의 사(詞)는 이러하다.

난리 겪다보니 백발 되었는데
몇 번 죽으려 했으나 못했네.
오늘은 참으로 어찌할 수 없는 상황
바람 앞에 가물거리는 촛불 하늘 비추네.

초나라 험악한 분위기[72] 가득하여 제성(帝星)이 옮겨가고

---

72 『춘추좌전(春秋左傳)』 양공(襄公) 27년 조에 "초나라 분위기가 매우 험악하니, 재앙이 일어날까 두렵다.[楚氛甚惡, 懼難]"는 내용이 있다.

구중궁궐 침침하니 낮시간도 더디네.
조칙은 지금 이후 다시 없을 것임에
옥 같은 한 장 종이에 눈물 천 줄기.

새와 짐승 슬피 울고 산하도 찌푸리니
무궁화 세계 이미 영락했네.
가을 등불에 책 덮고 먼 옛날 회고하니
인간 세상에서 글 아는 사람 노릇 어렵더라.

나라 지탱에 서까래 반만큼의 공도 없으니
인(仁)을 이루려는 것 뿐, 충(忠)은 아니라네.
다만 겨우 윤곡(尹穀)[73]을 좇을 뿐
당년(當年)에 진동(陳東)[74] 따르지 못함 부끄럽네.

73 윤곡(尹穀) : 남송(南宋) 때 인물로, 급제 후 부임하는 곳마다 청렴 정직으로 이름이 높았다. 원나라 병사들이 윤곡이 거주하는 고을에 있는 성(城)을 침략하자 참모로서 수신(帥臣) 이불(李芾)을 도와 사수(死守) 했으나 지원병이 오지 않자, 집 대문 앞에 땔나무를 쌓아놓고 불을 질러 가족들과 함께 불에 타 죽었다. 윤곡이 순절하고, 성이 함락되자 많은 사람들이 윤곡을 따라 순절하였다.

74 진동(陳東) : 송나라 흠종(欽宗) 때 금(金)나라 침략에 척화론으로 맞서던 이강(李綱)이 파직 당하자 태학생(太學生)으로서 유생 수만 명을 이끌고 상소문을 올려 복직시켰고, 고종(高宗) 때 조정에서 물러난 이강의 유임을 청하는 상소문을 올렸다가 사형을 당했다.

【보충해설】

황현은 강위(姜瑋, 1820~1884)·이건창(李建昌, 1852~1898)·김택영(金澤榮, 1850~1927)과 함께 한말 4대 문장가 중 한 사람으로 일컬어질 만큼 문장에 뛰어났다. 황현의 『매천집』은 김택영이 중국에서 간행한 것이다. 김택영이 황현을 위해 지었다는 전(傳)은 김택영의 문집인 『소호당집(韶濩堂集)』에 수록된 「황현전(黃玹傳)」을 가리킨다.

황현은 1905년 을사늑약이 체결되자 중국으로 망명을 떠난 김택영과 함께 국권 회복을 도모하고자 망명을 계획하였으나 뜻을 이루지는 못했다. 그 후 두문불출하며 『매천야록(梅泉野錄)』과 『오하기문(梧下記聞)』 저술에 힘썼다. 후손들에게 남겨주기 위해 저술한 두 책에는 1894년 동학농민운동부터 1910년 황현이 자결하기 직전까지의 일본의 침략상과 망국의 시점에 조선 관료들이 보여준 행실이 빼곡히 기록되어 있다. 1910년 경술국치 때 절명시 4수를 남기고 아편을 다량 복용하고 자결하였다.

1962년 건국훈장 독립장이 추서되었다.

황현 ©문화재청

전남 광양의 황현의 묘와 묘비 ©이은영

048

이만도
李晩燾

1842~1910, 자 관필觀必, 호 향산響山, 본관 진성眞城

이만도(李晩燾)의 본관은 진성(眞城)이다. 관직은 승지(承旨)를 지냈으며 시골에 물러나 지내다가, 합방이 되자 곡기를 끊고 죽었다.

【보충해설】

이만도는 퇴계(退溪) 이황(李滉)의 11세손으로 경상북도 예안 출신이다. 1866년 장원급제 이후 청요직을 두루 거쳤는데, 1882년 동부승지(同副承旨)에 제수되었으나 부임하지 않고 낙향하였다. 1895년 을미의병 때 예안에서 의병장으로 활동하기도 하였고, 1905년 을사늑약이 체결되자 을사오적을 통박하는 상소를 올리기도 하였다. 이만도가 강제 병탄의 소식을 듣고 단식 순국한 뒤에 많은 유림 동료들이 항거 자결을 선택하였고, 그의 자제와 제자들은 항일투쟁으로 이만도의 뒤를 이었다.

1962년 건국훈장 독립장이 추서되었다.

049

이범진 李範晉

1852~1911, 자 성삼聖三, 호 미상, 본관 완산完山

이범진(李範晉)의 본관은 완산(完山)이다. 당시 러시아 주재 공사로 합방 소식을 듣자 약을 마시고 죽었다.

【보충해설】

이범진은 1900년에 주러시아공사로 전임되어 독일 · 오스트리아 · 프랑스 공사를 겸임했다. 이후 1905년 11월 을사늑약이 체결되자 페테르스부르크에 체류하면서 국권회복을 도모했다. 1907년 헤이그 만국평화회의에 참석하기 위해 고종이 파견한 밀사 이상설(李相卨) · 이준(李儁) 등이 페테르스부르크에 도착하자, 그들과 협의하여 고종의 친서를 작성하고 아들 이위종(李瑋鍾)을 밀사의 일원 겸 통역자로 동반하게 했다. 그리고 러시아 황제에게 요청하여

공진범리고

1935년 8월 29일 『신한민보』에 실린 이범진 사진 ⓒ국사편찬위원회

이들이 헤이그에 무사히 도착할 수 있도록 조처하는 한편, 러시아 대표의 알선으로 각국 신문기자들에게 대한제국 밀사들이 연설할 기회를 만드는 등 헤이그 특사 활동을 적극적으로 도왔다. 1910년 경술국치를 당하자 통분을 이기지 못하고 다음해 1월에 자결, 순국하였다.

1991년 건국훈장 애국장이 추서되었다.

新韓民報

The New Korea

리범진씨의 죽음과 세상사람들의 평론

고 리범진 공

리범진씨의 편지

1911년 6월 7일 『신한민보』의 이범진 서거 관련 기사 ©국립중앙도서관

050

반학영 潘學榮

?~1910, 자 미상, 호 미상, 본관 미상, 이명 반하경潘夏慶

반학영(潘學榮)은 환관(宦官)이다.

【보충해설】

반학영은 고종 때의 내시(內侍)로서 승전색(承傳色)[75]을 지내던 1905년 을사늑약이 체결되자 자리에서 물러나 경기도 파주(坡州) 교하리(交河里)에서 은거하였다. 1910년 경술국치 때 분한 마음에 식음도 마다한 채 통곡하던 반학영은 내외 관직의 귀천은 달라도 수십 년 동안 조정의 은혜를 받았기 때문에 임금이 폐위된 마당에 따뜻한 방에서 자결할 수 없다는 내용의 유서를 남기고 집을 나와

75 승전색(承傳色) : 조선 시대, 내시부(內侍府)에서 임금의 뜻을 전달하는 대전승전색(大殿承傳色)과 왕비의 뜻을 전달하는 왕비전승전색을 아울러 부르는 4급 벼슬이다. 일명, 승전환관 또는 승전내시라고도 부른다. 임금의 뜻을 전달하는 역할은 승정원과 같으나 승정원에서는 중요한 전지(傳旨)를 담당하고, 사소한 일은 승전색에서 담당했다.

삽다리 장터에서 배를 가르고 자결하였다. 파주에 있던 반학영의 묘지는 현재 국립현충원 애국지사 묘역으로 이장되었다.

반학영의 이름이 송상도(宋相燾)의 『기려수필(騎驢隨筆)』 등의 사료에는 반하경(潘夏慶)으로 되어 있으나 『승정원일기(承政院日記)』에는 반학영(潘學榮)으로 스무 차례 이상 기록되어 있다.

1962년 건국훈장 독립장이 추서되었다.

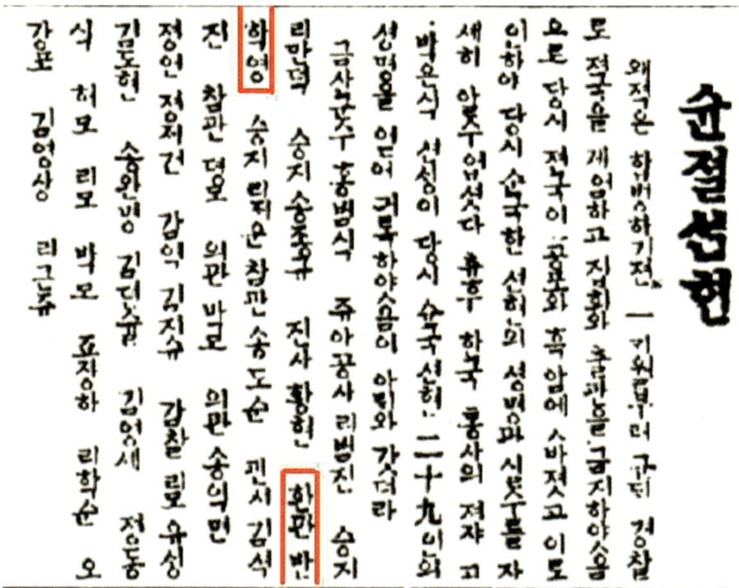
순절선현

왜적은 합병하기전 ㅡ 미위부터 구든 경찰도 적국을 게엄하고 정회와 출판을 금지하야슴으로 당시 전국이 공포와 흑암에 싸젓고 이로 인하야 당시 순국한 선현의 성명과 사적을 자세히 알수업섯다 휴후 한국 통사의 저쟈 ㅍ 박은식 선생이 당시 순국선현 二十九인의 성명을 엇어 긔록하얏슴이 아래와 갓더라

금산군수 홍범식 쥬아공사 리범진 승지 리만도 승지 송종우 진사 황현 한관 반학영 승지 리재윤 참판 송도순 판서 김석진 참판 뎡모 의관 박모 의관 송익면 정언 정재건 감역 김지수 감찰 리모 유성 김도현 송완명 김던수 김엇세 정동식 쳐모 리모 박모 묘장하 리학순 오강표 김영상 리근쥬

1935년 8월 29일 『신한민보』의 반학영 관련 기사 ©국사편찬위원회

051

이재윤 李載允

1849~1911, 자 성집聖執, 호 미석渼石, 본관 완산完山

이재윤(李載允)의 본관은 완산(完山)이다. 관직은 승지를 지냈다. 발끈하여 펑톈(奉天)[76]에 갔다가, 병이 들어 돌아와서는 곧 죽었다.

【보충해설】

이재윤은 경기도 양주(楊州) 출신으로 면암(勉菴) 최익현(崔益鉉)의 제자였다. 1877년 급제하여 벼슬이 우승지(右承旨)에 이르렀지만 일제 침탈이 가속화되는 상황에서 벼슬을 포기하였고, 을사늑약 후 의병을 일으켰던 최익현에게 합류하였다가 유배를 다녀온 뒤 양주에서 다시 의병을 일으켰다가 또 무기 부족으로 패하였다. 이에 1907년 펑톈(奉天)으로 위안스카이(袁世凱)를 찾아가 구원병

76 펑톈(奉天) : 중국 선양(瀋陽)의 옛 이름. 이재윤은 1907년 중국의 북양대신(北洋大臣)으로 있던 위안스카이(袁世凱)에게 원군을 요청하러 중국에 간 적이 있었다.

을 요청하였으나 거절당하자 실망 끝에 돌아왔다. 저본에는 병이 들어 죽은 것으로 되어 있지만, 강제 합방 뒤 일제의 극심한 압박과 감시 속에 1911년 자살을 기도했다가 그 후유증으로 다음날 죽었다.

1977년 건국훈장 독립장이 추서되었다.

052

송종규
宋鍾奎

1856~1910, 자 계필季弼, 호 취정翠庭, 본관 은진恩津

송종규(宋鍾奎)의 본관은 은진(恩津)이다. 관직은 승지(承旨)[77]를 지냈다.

【보충해설】

송종규는 1892년 문과에 급제하여 우부승지(右副承旨)에 올랐다가 1895년 을미사변이 일어나자 관직에서 물러났다. 연이은 나라의 변고에 통분을 금하지 못한 채 1910년 7월 세상을 떠났다. 『한국독립운동사자료』 '순국의사(殉國義士)'에 기록된 29인의 명단에 그의 이름이 올라 있다.

1995년 건국훈장 애족장에 추서되었다.

77 승지(承旨) : 조선 시대, 승정원에 딸려 왕명의 출납을 맡아보던 정삼품의 당상관.

053

이중언
李中彦

1850~1910, 자 중관中寬 · 문석文錫, 호 동은東隱,
본관 진성眞城, 이명 이문석李文錫

이중언(李中彦)의 본관은 진성(眞城)이다. 관직은 정언(正言)[78]을 지냈다. 벼슬길을 끊은 지 30년에 합방이 되자 굶어 죽었다.

【보충해설】

이중언은 문과 급제 후 정언(正言)과 지평(持平) 등을 역임하였다. 1882년 임오군란 이후 조정이 나날이 그릇되어 가는 것을 보고 경상북도 봉화(奉化) 임당산(林唐山)으로 들어가 은거하였다. 1905년 을사늑약이 체결되자 을사늑약 파기와 을사오적의 목을 벨 것을 청하는 상소를 올렸다. 1910년 경술국치를 당하자 두문불출하며 지냈다. 얼마 후 공조참의(工曹參議), 동부승지(同副承旨) 등을 역임한 이만도(李晩燾, 1842~1910)가 곡기를 끊고 자결했다는 소식을 들은 이중언 또한 곡기를 끊고 자결하였다.

1962년 건국훈장 독립장이 추서되었다.

78 정언(正言) : 조선 시대, 사간원에 둔 정육품의 벼슬.

054

송도순
宋道淳

1858~?, 자 윤명允明, 호 미상, 본관 은진恩津

송도순(宋道淳)의 본관은 은진(恩津)이고, 관직은 참판(參判)을 지냈다.

【보충해설】

송도순은 1874년 과거에 급제하였고 1907년 궁내부 특진관을 지냈었다. 저본에는 송도순의 이름과 참판 약력만 기록되어 있지만, 전후 맥락에 비추어보면 송도순이 강제 병탄을 전후로 자결한 것으로 판단하고 등재한 것으로 보인다. 박은식의 『한국통사』에서도 그렇게 기재되어 있다. 그러나 국가보훈처에서는 그의 사망을 1918년으로 해두고 있으며, 그가 1894년 벼슬을 사양하고 충청남도 대전(大田)으로 낙향하여 지역 의병 군향(軍餉)으로 참여한 것으로 되어 있다. 그러나 『한국민족문화대백과사전』에서는 1907년까지 벼슬을 이어갔으며 이후 몰년을 파악할 수 없는 것으로 되어 있다.

1995년 건국훈장 애족장이 추서되었다.

055

김석진 金奭鎭

1843~1910, 자 경소景召, 호 오천梧泉, 본관 안동安東[79]

김석진(金奭鎭)의 본관은 안동(安東)이고, 관직은 판서(判書)를 지냈다. 작위와 은사금을 받지 않고 죽었다.

【보충해설】

김석진은 1905년 을사늑약이 체결되자 이듬해 1월 오적(五賊)을 처형할 것을 요구하는 상소를 올렸다. 상소문에서 김석진은 협박에 의한 조약은 공법상 폐기가 가능하니 외부대신(外部大臣)을 불러 여러 외국 공사에게 성명을 내고, 매국 역도들을 죽여서 국헌(國憲)을 바로잡고 인민을 생지옥에서 구할 것을 청하였다. 그러나 임금의 승낙이 떨어지지 않자 매국노와 어깨를 나란히 하고 한 줄에 설 수 없다고 하며 의효전 향관(懿孝殿享官)의 직에서 물러났는데, 향관의 줄에 오적의 한 명인 이지용(李址鎔)이 있었기 때문이다. 을사늑약 체결에 반대하여 순국한 조병세(趙秉世)의 조문

79 → 80번 김석진 항목 참조

을 다녀오는 길에 아편을 구입하고 나라를 위해 죽기로 결심했다. 1910년 경술국치 이후 조선의 전직 고위 관료를 회유하기 위한 술책으로 작위 또는 은사금을 주던 일제가 남작(男爵)의 작위로써 그를 회유하려고 들었다. 일제의 회유를 치욕으로 여긴 김석진은 1910년 9월 아편을 삼키고 자결, 순국했다.

1962년 건국훈장 독립장이 추서되었다.

서울 창녕위궁 재사(昌寧尉宮 齋舍) ©문화재청

높은 장대석 기단으로 감싸고 있는 전통한식 목조가옥이다. 조선조 제23대 순조의 부마 창녕위(昌寧尉) 김병주(金炳疇)의 재사(齋舍)로서, 한일합병 후 김병주의 손자 김석진이 일본의 남작 작위를 거절하고 순국 자결한 역사적 의미를 가진 건축물이다. 순조의 부마 김병주 재사로 지어진 부분을 안채로 삼고, 사랑채는 다른 곳에서 이축한 것으로 전해지고 있으며, 한국전쟁시 피폭되어 재사와 행랑을 다시 지었다.

056

정아무개

鄭□□

?~?, 자 미상, 호 미상, 본관 미상

정아무개(鄭□□)는 전라북도 금구군(金溝郡) 사람으로, 관직은 참판(參判)을 지냈다.

057

백아무개
白□□

?~?, 자 미상, 호 미상, 본관 미상

백아무개(白□□)는 전라북도 흥덕군(興德郡) 사람으로, 관직은 의관(議官)[80]을 지냈다.

80 의관(議官) : 1895년 중추원(中樞院)에 설정된 관직으로 칙임관 혹은 주임관에 속하는 벼슬이었다. 1905년 찬의(贊議)로 개칭되었다.

058

송익면
宋益勉

?~?, 자 미상, 호 미상, 본관 미상

송익면(宋益勉)은 의관(議官)을 지냈다.

059

정재건
鄭在楗

1843~1910, 자 계주啓周, 호 소송小松, 본관 연일延日, 이명 정재건鄭在健

정재건(鄭在楗)은 정언(正言)을 지냈다.

【보충해설】

정재건은 문과 급제 후 사헌부지평(司憲府持平) 등을 역임하였다. 1892년 조정이 날로 그릇되어 가자 국정을 쇄신해야 한다는 내용의 상소를 올렸으나 뜻이 받아들여지지 않자 사직하고 고향으로 내려가 후학 양성에 힘썼다. 1896년 기우만(奇宇萬, 1846~1916)과 함께 유생들을 모아 의병을 일으키려던 계획이 사전 발각으로 실패하자 통곡했다. 1910년 경술국치 때 망국의 신하로서 의리상 목숨을 부지할 수 없어 자결한다는 내용의 유서를 남기고 칼로 자신의 목을 수차례 찌르고 자결하였다.

1991년 건국훈장 애국장이 추서되었다.

060

김지수
金智洙

?~?, 자 미상, 호 미상, 본관 미상

김지수(金智洙)는 감역(監役)[81]을 지냈다.

81 감역(監役) : 조선시대 선공감에서 토목이나 건축 공사를 감독하던 종구품의 벼슬.

061

이아무개
李□□

?~?, 자 미상, 호 미상, 본관 미상

이아무개(李□□)는 충청북도 보은군(報恩郡) 사람으로, 관직은 감찰(監察)[82]을 지냈다.

82 감찰(監察) : 조선 시대, 사헌부의 정육품(正六品) 벼슬. 국고 출납, 조정 예회(例會), 과거 따위의 일들을 살펴 기강을 세우고 풍속을 바로잡는 일을 맡았다.

062

송완명
宋完命

?~1910, 자 미상, 호 미상, 본관 미상

송완명(宋完命)은 전라남도 동복군(同福郡) 사람이다.

【보충해설】

송완명은 1905년 을사늑약에 이어 1910년 경술국치를 당하자 일본에 대한 저항의 의지로 자결하였다.

1995년 건국훈장 애족장이 추서되었다.

063

김천술
金天述

?~1910, 자 미상, 호 미상, 본관 미상

김천술(金天述)은 전라북도 태인군(泰仁郡) 사람이다.

【보충해설】

김천술은 국가보훈처의 기록에 의하면 1910년 강제 병탄에 항의하여 자결한 것으로 되어 있다.

1991년 건국훈장 애족장이 추서되었다.

064

김영세 金永世

?~?, 자 미상, 호 미상, 본관 미상

김영세(金永世)는 전라북도 태인군(泰仁郡) 사람이다.

065

정동식 鄭東植

1850?~1910, 자 경필敬必, 호 모은慕隱, 본관 연일延日

정동식(鄭東植)은 전라북도 익산군(益山郡) 사람이다.

【보충해설】

정동식은 무과 급제 후 훈련원첨정(訓練院僉正) 등을 역임하였다. 정동식은 1910년 경술국치를 당하자 자신은 두 세대에 걸쳐 나라의 녹봉을 받는 은혜를 입은 사람으로서 나라도 망하고 임금도 없는 세상에서 구차하게 살 수는 없는 일이라고 생각했다. 이에 포고문(布告文)과 토역문(討逆文)을 지어 전라도 안찰사(按察使) 이두황(李斗璜, 1858~1916)에게 주고, 의관(衣冠)을 갖춰 입은 후 공북루(拱北樓)에 올라 자결하였다. 현재 정동식이 자결한 공북루가 전라북도 전주 팔복동(八福洞)에 있는 공북문인지 충청남도 공주 금성동(錦城洞)에 있는 공북문인지는 확인되지 않는다.

1962년 건국훈장 독립장이 추서되었다.

066

허아무개

許□□

?~?, 자 미상, 호 미상, 본관 미상

허아무개(許□□)는 경상북도 선산군(善山郡) 사람이다.

067

이아무개

李□□

?~?, 자 미상, 호 미상, 본관 미상

이아무개(李□□)는 충청북도 문의군(文義郡) 사람이다.

068

박아무개
朴□□

?~?, 자 미상, 호 미상, 본관 미상

박아무개(朴□□)는 충청북도 충주군(忠州郡) 사람이다.

069

조장하
趙章夏

1847~1910, 자 경헌景憲, 호 이재履齋, 본관 풍양豊壤

조장하(趙章夏)는 충청남도 공주군(公州郡) 사람이다.

【보충해설】

조장하는 충청북도 청원(淸原) 출신으로 고산(鼓山) 임헌회(任憲晦, 1811~1876)의 제자이다. 강제 합방 후 단식 자결하였다.

1990년 건국훈장 애국장이 추서되었다.

070

이학순
李學純

1843~1910, 자 경실敬實, 호 회천晦泉, 본관 전주全州

이학순(李學純)은 충청남도 연산군(連山郡) 사람이다.

【보충해설】

이학순은 일제가 조선인 관료 회유를 위해 제시한 은사금(恩賜金)을 받지 않고 단호하게 거절하였다. 일제의 은사금을 거부했다는 이유로 투옥되었다가 병보석으로 잠시 석방된 틈을 타서 음독, 자결하였다.

1962년 건국훈장 독립장이 추서되었다.

071

오강표
吳剛杓

1848?~1910, 자 명여明汝, 호 무이재無貳齋, 본관 보성寶城

오강표(吳剛杓)는 충청남도 전의군(全義郡) 사람이다.

【보충해설】

오강표는 관직에 뜻을 두지 않고 학문에 전념하던 유생(儒生)이었다. 1905년 을사늑약 때 을사늑약 파기와 을사오적 처단을 청하는 토적소(討賊疏)를 올렸다. 그러나 관찰사(觀察使) 이도재(李道宰, 1848~1909)가 상소문 접수를 거절하면서 오강표의 토적소는 고종에게 전달되지 못했다. 이때 오강표는 자결을 하기 위해 아편을 구입해서 복용했다. 그러나 가짜 아편이었기 때문에 자결은 실패했다. 1910년 경술국치를 당하자 절명사(絶命詞)를 짓고 충청남도의 공주향교(公州鄉校) 강학루(講學樓)에서 목을 매고 자결하였다. 현재 오강표가 남겼다는 절명사는 확인되지 않는다.

1962년 건국훈장 독립장이 추서되었다.

072

김영상
金永相

1836~1911, 자 미상, 호 미상, 본관 미상

김영상(金永相)은 전라북도 태인군(泰仁郡) 사람이다.

【보충해설】

국가보훈처 공훈전자사료관에 의하면 김영상은 전라북도 정읍(井邑) 출신이며 강제 합방 직후 은사금을 거절하며 만경강(萬頃江)에 투신했다가 구조되어 옥중에서 순국한 것으로 되어 있다. 당시 은사금을 거절하다가 체포되어 고초를 입는 관료나 지역 유지가 적지 않았다.

1993년 건국훈장 애족장이 추서되었다.

073

이근주
李根周

1860~1910, 자 문약文若, 호 청광淸狂, 본관 전의全義

이근주(李根周)는 충청남도 홍주군(洪州郡) 사람이다.

【보충해설】

이근주는 1895년 을미사변에 이어 전국적인 단발령 시행에 저항하여 일어난 홍주의병에 참여하여 활동했다. 이후 1910년 경술국치의 비보를 접한 뒤 자결하기로 결심했다. 며칠 뒤 형의 환갑을 지내고 부모의 묘소에 제사를 마치고 나서 그해 9월 23일에 자결, 순국하였다.

1991년 건국훈장 애국장이 추서되었다.

074 조정구 趙鼎九

1862~1926, 자 미경米卿, 호 월파거사月坡居士 · 귤은橘隱 · 작농芍農, 본관 풍양豊壤, 초명 조석구趙晳九[83]

조정구(趙鼎九)의 본관은 풍양(豊壤)이다. 관직은 참판(參判)을 지냈다. 조봉하(趙鳳夏, 1817~?)의 손자이고, 조동석(趙東奭, 1845~?)의 아들이다. 남작(男爵) 작위와 은사금(恩賜金)을 통렬하게 배척하고, 스스로 목을 찌르고 죽었다.

【보충해설】

조정구는 흥선대원군의 둘째 사위로 조선왕조의 왕실 척족이었다. 저본에는 조정구가 1910년 경술국치 후 남작 작위와 은사금을 거절하고 칼로 자결한 것으로 서술되어 있다. 그러나 조정구는 당시 두 차례 자결을 시도했다가 실패하자 경기도 양주(楊州) 사릉리(思陵里)에서 은둔 생활을 하다 1917년 강원도 금강산으로 옮겨 은거 생활을 이어갔다. 1919년 고종이 죽자 서울로 돌아온

83 → 81번 조정구 항목 참조

조정구는 고종의 장례를 치른 후 중국으로 망명을 떠났다가 둘째 아들 조남익(趙南益, ?~1924)이 죽었다는 소식에 귀국하였다. 그 후 경기도 남양주의 봉선사(奉先寺)에서 기거하다 낙상 사고로 병원에서 입원치료를 받고 돌아온 집에서 죽을 때까지 살았다.

2019년 건국훈장 애족장이 추서되었다.

075

이상설
李相卨

1870~1917, 자 순오舜五, 호 보재溥齋, 본관 경주慶州

이상설(李相卨)은 평소 재주와 학식으로 신망을 얻었다. 의정부 참찬(參贊)으로 임명되었는데 얼마 안 되어 이토 히로부미(伊藤博文, 1841~1909)가 늑약을 강요하는 행위를 접하였다. 참정(參政) 한규설(韓圭卨, 1848~1930)과 한마음을 먹었으나 회의에 참여할 수 있는 권리가 제한되어, 다만 은밀히 참정을 보좌하며 항의하는 것을 뒤에서 돕다가, 늑약이 성립된 것을 보고 통곡하며 의정부를 나섰다. 만분의 일이라도 다시 만회할 수는 없었지만, 그 늑약이 재가를 얻기 전까지는 반대 상소를 올리며 직언하였다.

그 후, 헤이그 평화회의가 열리자, 이준(李儁, 1859~1907)과 비밀 조서를 받고 러시아로 건너갔다. 의장을 만난 세 사람은[84] 이토 히로부미가 늑탈하고 조약을 맺은 사실을 상세히 설명하

84 세 사람 : 이 항목에서 언급된 이상설, 이준 두 사람 외에 이위종(李瑋鍾)도 헤이그 만국평화회의에 대한제국 특사 자격으로 함께 갔었다.

였고, 영국과 미국 및 프랑스 위원들을 두루 방문하였고, 또 신문기자들과 만나 한국의 사실이 자세히 실리도록 하였다. 7월 5일 평화회의에 가서 탄원서를 제출했는데, 각국 사람들은 그 고충은 충분히 이해했지만 해결할 방법이 없어서 서로 돌아보며 말이 없다가 끝내 기각하였다. 이준은 분노가 극에 달해 갑자기 죽었고 이상설은 미국으로 갔다.

【보충해설】

이상설은 이범세(李範世) · 여규형(呂圭亨) · 이시영(李始榮) · 이회영(李會榮) 등과 신학문을 공부하였다. 또 헐버트(Hulbert, H.B.)와도 친교를 맺어 영어 · 프랑스어 등을 익혔으며, 특히 수학 · 물리 · 화학 · 경제학 · 국제법 등 신학문을 두루 공부하였을 뿐만 아니라, 1894년 문과에 급제한 뒤에는 조야에서 율곡(栗谷) 이이(李珥)를 계승할 만한 학자로 칭해졌다. 당시 독립협회에서 민영환(閔泳煥)과 더불어 가장 신뢰할 만한 관리로 추천하기도 하였다.

1906년 북간도로 망명하여 독립운동 기지 건설의 기반을 마련하는 데 힘썼고, 1907년 네덜란드 헤이그의 만국평화회의 특사 참석 시도 이후에는 영국 · 프랑스 · 독일 · 미국 · 러시아 등지를 순방하며 조선 독립에 대한 협조를 역설하였다. 1909년 블라디보스토크에 독립운동 기지 한흥동(韓興洞)을 건설하여 망명해 오는 의병들을 수용하였다. 1914년 대한광복군정부 정통령(正統領)에 선임되고, 1915년 신한혁명단(新韓革命團) 본부장에 선임되는 등 독립운동에 앞장서다가 1917년 러시아 니콜리스크에서 서거하였다.

1962년 건국훈장 대통령장이 추서되었다.

헤이그특사 3인 이준 · 이위종 · 이상설 ©국사편찬위원회

076

장기석 張箕錫

1860~1911, 자 미상, 호 미상, 본관 미상, 본명 장기석張基奭, 이명 장기석張基錫[85]

장기석(張箕錫)은 경상북도 성주군(星州郡) 사람이다. 사람됨이 빼어나고 곧았으며, 40세에 작심하고 글을 읽기 시작해서 문장에 능하게 되었다. 번번이 일본인들의 불법적인 일에 저항하다가 체포되었다. 대구 감옥에서 푸른 옷을 입히자 즉시 벗어서 땅바닥에 내던지고 알몸으로 앉아있었다. 일본 경찰이 그 의기에 감동하여 입던 옷을 내어주고 밥을 대접하였다. 장기석이 성내어 꾸짖었다.

"어찌 원수 나라의 쌀을 먹겠느냐?"

여러 날을 먹지 않자 숨이 거의 끊어질 지경이 되었다. 일본인이 우유를 입에 부으면서 이를 부러뜨리는 데에 이르렀으나

85 국가보훈처에 등록된 독립운동가에 장기석(張箕錫)은 없고 장기석(張基奭)만 보이는데, 이명이 장기석(張基錫)이며 경북 성주군 출신으로 되어 있다. 『기려수필(騎驢隨筆)』에 장기석(張基錫)으로 되어 있으며, 저본과 유사한 행적이 소개되어 있다. 저본의 장기석(張箕錫)은 장기석(張基奭)과 동일 인물인 것으로 추정된다.

마시지 않았다. 입안 가득 비린 피가 흐르더니 기운이 다해 죽었다. 시신을 싣고 집에 돌아가는데 흰옷을 입고 통곡하며 따르는 자가 수백 명이었다. 사림(士林)에서 예를 갖추어 장사지냈다.

【보충해설】

장기석은 성주군수와 경찰서장으로부터 일본 천황 탄생일인 천장절(天長節) 경축식에 참석할 것을 강요받았다. 그러나 그는 단호하게 거절하고 일본 경찰을 목침으로 때려 중상을 입힌 뒤 대구형무소에 수감되었다. 그곳에서 단식을 시작하여 10여 일 만에 의식을 잃었다. 일본 경찰들이 그의 죽음을 두려워하여 강제로 음식을 먹이려고 하였으나 끝내 먹기를 거부하고 옥중에서 순국하였다.

1963년 대통령표창이 추서되었고, 1977년 건국포장이 추서되었으며, 1990년 애국장이 추서되었다.

해동청풍비(海東淸風碑) ©문화재청

1936년 전국 유림들은 항일의식을 드높인 장기석 선생의 절개를 기리기 위해 해동청풍비(海東淸風碑)를 세웠다. 비는 평평한 바닥돌 위에 비몸을 세운 간단한 형태이다. 비문의 글은 심산(心山) 김창숙(金昌淑)이 짓고 글씨는 백범(白凡) 김구(金九)가 썼다. 비를 세운 이듬해에 일제에 의해 파괴되어 버려진 것을 광복 이후 조각들을 찾아 모아 다시 세웠다. 비 옆에는 1937년 일본 경찰이 비를 깨부수려 할 때 목숨을 끊어 이에 항거한 장기석의 부인 함양 박씨를 기리는 박유인기열비(朴孺人紀烈碑)가 함께 놓여 있는데, 비문의 글은 위당(爲堂) 정인보(鄭寅普)가 짓고 글씨는 제헌국회의원인 김우식(金禹埴)이 썼다.

077

안명근
安明根

1879~1927, 자 미상, 호 형파衡坡, 본관 순흥順興

안명근(安明根)은 안중근(安重根, 1879~1910)의 사촌 동생이다. 강개한 기질을 지녔으며, 그 형의 기풍이 있었다. 이에 이르러 일본이 합병을 실행하자 헌병과 순사들이 그물처럼 빽빽하게 늘어섰다. 도로에서는 눈짓만 할 뿐 감히 마주 서서 이야기를 나누지 못했다. 애국당(愛國黨)에 속한 이는 장차 모조리 제거하여 후손이 없게 하려고 하였다. 그런데 하얼빈(哈爾濱) 사건이 발생한 후 안중근 일가는 더욱 시달림을 받았다. 헌병과 순사가 날마다 그 집의 문을 두드리고, 출입하는 것을 염탐하고, 생각까지 캐물었다. 옥리(獄吏)가 죄인을 감시하는 것과 다를 것이 없었다.

그러나 안명근은 이런 것에 조금도 좌절하지 않고, 몰래 장사(壯士)들과 결탁해서 은밀하게 무기를 마련하고, 기차가 다니는 길목에서 데라우치 마사타케(寺內正毅, 1852~1919)를 습격하고자 하였다. 계획은 이미 세워져서 장차 거행할 날이 머지않았는데 뜻밖에 일이 누설되어 졸지에 체포되었다. 법정에 들어가 재판을 받는데, 법관이 그 이유를 묻자 안명근이 말했다.

"너는 하얼빈에서 이토 히로부미(伊藤博文, 1841~1909)를 죽인 안중근을 모르느냐? 나의 형님이시다. 나는 내 형의 뜻을 이어 데라우치 마사타케를 죽여서 나라의 원수를 갚고자 했을 뿐이다."

법관이 말했다.

"너는 나랏일을 핑계로 돈을 모금하면서 기꺼이 주려고 하지 않으려는 사람 것까지 취했으니, 도둑이 아니면 뭐겠는가!"

안명근이 말했다.

"너희들은 우리 2천만 민중이 죽음으로 저항하며 기꺼이 주려고 하지 않으려는 나라를 강탈하였으니 참으로 천하의 큰 도둑이다. 나는 이 큰 도둑을 제거하고 우리나라를 구하여 천하에 통용되는 도리를 펴고자 한 것인데 어찌하여 도둑이라고 말을 하느냐."

법관이 감히 다시는 캐묻지 못하고, 마침내 살인미수로써 종신형에 처했다.

이에 방청하던 사람들이 모두 말했다.

"두 사람 모두 안(安) 의사(義士)로다. 난형난제로 함께 천고에 빛날 것이다."

일본 사람들이 안중근 사건으로 인해 애국당을 섬멸하려고 수차례 큰 옥사를 일으켜, 이에 또 철저히 제거하려고 하였다. 김홍량(金鴻亮, 1885~1950) · 김도희(金道熙, ?~?) · 고정화(高貞華, 1881~?) · 이상진(李尙眞, ?~?) · 이승길(李承吉, 1887~1965) · 주진

표(朱鎭杓, 1860?~?) 등 100여 명을 체포하여 옥에 가두었다.

또 지방의 양반 가운데 조금이라도 재산이 있거나 영향력이 있는 사람은 비록 이름이 당적(黨籍)에 걸려있지 않더라도 또한 연루시켜 체포해 갔기 때문에, 황해도 온 도(道)의 명문대가(名門大家)는 한 집안도 피해갈 수 없었다.

진사(進士) 신석충(申錫忠, 1853~1911)은 황해도 송화군(松禾郡) 사람이다. 7대 동안 한곳에서 살았는데, 가구가 수백이나 되었다. 대대로 재산이 넉넉하였고 덕을 베풀기를 좋아해서 흉년을 만나면 곡식을 팔 때 가격을 낮춰서 내주었다. 곤궁하면 도와주고 환란을 구휼해 주어 은택이 원근에 미쳤다. 비록 동학당(東學黨)이 노략질을 자행했지만 서로 신석충의 집에 들어가지 말도록 경계하였다. 그의 아름다운 행실과 순후(淳厚)한 덕은 이처럼 말세가 된 풍속에서도 진실로 봉황의 깃털이요, 기린의 뿔이 되었다. 이에 이르러 일본인들이 그 집안의 명성을 꺼려 연루되었다고 무함하여 신석충과 그의 사촌형 아무개를 체포했다. 두 사람은 의리상 모욕을 받을 수 없다며 함께 자살했다.

【보충해설】

1909년 안중근이 이토 히로부미를 저격 살해한 후, 안명근은 북간도에 가서 무장투쟁을 도모하기 위해 군자금을 모았다. 황해도 안악(安岳)을 중심으로 군자금을 모집하던 중 황해도 신천(信川)에 거주하던 민(閔) 아무개의 밀고로 체포되어 서울로 압송되었다. 당시 일제는 안명근이 모집한 군자금을 보관하고 있던 배경

진(裵敬鎭, 1885~1934?)을 체포하고 보관 중이던 군자금을 압수하였을 뿐 아니라 안명근과 함께 행동했던 인물들을 체포해 갔다. 그 후 일제는 비밀결사 조직인 신민회 황해도 지회를 와해시키기 위해 160명이나 체포하여 투옥시켰다. 이런 일련의 사건이 바로 '안명근 사건', 일명 '안악 사건'이다. 1911년 8월 일제는 만주에 독립군 기지 창건 운동을 벌이던 신민회 해체를 위해 날조 사건을 벌였다. 신민회에서 일제 총독 데라우치 마사타케 암살 모의 사건을 벌였다며 신민회 회원 800여 명을 체포하고, 그 중 105명에게 실형을 선고했다. 이것이 '105인 사건'이다. 이때 안명근도 체포되어 무기징역을 선고받았다. 사실 안명근은 그해 11월 데라우치 마사타케가 압록강 철교 준공식에 참가한다는 것을 알고 사살하려고 했었다. 종신형을 선고받은 안명근은 10년간 옥고를 치르고 출옥한 후, 만주로 망명을 떠나 독립운동을 전개하다 지린성(吉林省)에서 생을 마감하였다.

안명근에게는 1962년 건국훈장 독립장이 추서되었다.

진사 신석충은 군자금을 제공해준 인물로, 1910년 일제가 조작한 '105인 사건' 연루자로 체포되어 압송되던 중 황해도 재령강(載寧江) 철교에서 강물로 뛰어들어 자결하였다.

신석충에게는 1995년 건국훈장 애족장이 추서되었다.

105인 사건으로 끌려가는 애국지사들 ⓒ위키미디어

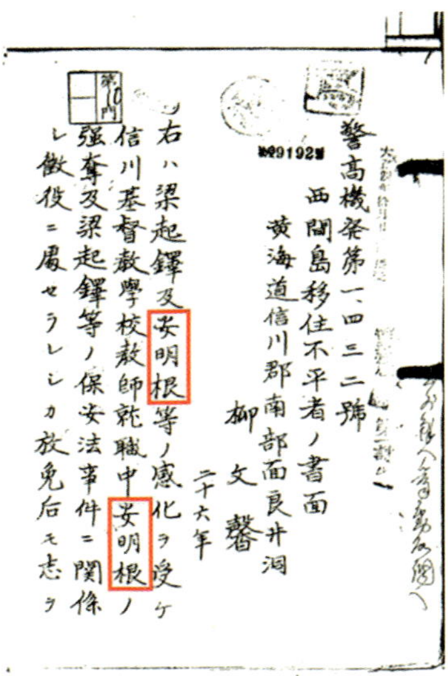

警高機発第一、四三二號
西間島移住不平者ノ書面
黄海道信川郡南部面良井洞
柳文馨
二十六年
右ハ梁起鐸及安明根等ノ感化ヲ受ケ
信川基督教學校教師就職中安明根ノ
強奪及梁起鐸等ノ保安法事件ニ関係
シ懲役ニ處セラレシカ放免后モ志ヲ

일제의 안명근에 대한 사찰 보고서 ⓒ국사편찬위원회

078

김홍량
金鴻亮

1885~1950, 자 미상, 호 미상, 본관 미상

김홍량(金鴻亮)은 황해도 안악군(安岳郡) 사람이다. 부잣집 아들로서 뜻과 기개가 남달랐다. 일본에 유학하여 학업을 마치고 집으로 돌아와서는, 집안 재산을 털어 학교를 설립하고 청년들을 널리 교육하였다. 또 모범농촌을 건설하기 위해 거금을 모으고 사업을 시작하였는데, 뜻밖에 체포되었다. 안명근(安明根, 1879~1927)과 접선했다는 혐의를 얽고 또 다른 죄를 뒤집어씌워 15년 징역형에 처했다.

【보충해설】

김홍량이 독립군 기지 건설에 적극적으로 활동하며 안중근의 사촌 동생 안명근과 접촉하여 독립군 기지 마련에 거금을 제공했다는 혐의로 15년형을 언도받고 8년의 수형을 마치고 출옥한 뒤에는, 일제의 침략에 순응하는 기업인으로서 1941년 임전보국단의 평의원을 맡기도 하였다.

1977년 건국훈장 독립장이 추서되었으나 2011년 서훈이 취소되었다.

079

김두원
金斗源

?~?, 자 미상, 호 미상, 본관 미상

김두원(金斗源)은 함경남도 원산항(元山港)의 상인이다. 광무 2년(1898) 경상남도 울산에 가서 소금 1,800여 말을 구입하여 일본인 기무라 겐이치로(木村源一郎, ?~?) 회사의 배에 실었다. 울릉도에 도착해서 머물러 잤는데 기무라 겐이치로가 배를 타고 몰래 달아났다. 김두원이 이 때문에 장사를 망치게 되자 외부(外部)[86]에 호소하여 배상금 청구 교섭을 청했다. 외부에서 여러 번 일본 공관에 문의하였으나 회답이 없었다. 일본인 배가 충청남도 홍천(洪川) 장고도(長古島)[87]에 이르렀을 때 암초에 부딪쳐서 침몰되었는데, 하야시 곤스케(林權助, 1860~1939)가 고종

86 외부(外部) : 조선말기에 외무행정을 관장하던 중앙관청. 1895년 4월에 외무아문을 개칭한 것으로, 관원으로는 대신 1인, 협판 1인, 국장 2인, 참서관(參書官) 3인, 번역관 2인, 번역관보 3인, 주사 12인 등을 두었다.

87 장고도(長古島) : 충청남도 보령시 오천면 삽시도리에 있는 섬.

을 만나 배상금 3천 원을 지급해줄 것을 주청하였다. 김두원이 그것을 듣고 분개하며 말했다.

"저들은 배가 암초에 부딪쳐 파손되어도 우리나라에 배상을 요구하면서 일본놈이 내 소금을 도둑질한 것은 배상이 없단 말이냐?"

마침내 날마다 외부에 호소했는데, 일본 공사가 온 것을 보자 갑자기 큰 소리로 호통쳤다.

"어째서 내 소금값을 배상하지 않느냐?"

일본 공사가 괴로워서, 매번 외부에 올 때마다 번번이 김두원이 있는지 없는지를 묻고 틈을 엿보아 지름길로 나갔다. 김두원이 거듭 호소하자 일본 공관의 서기 고쿠분 쇼타로(國分象太郎, 1862~1921)가 억지스러운 말로 거절하려고 했다. 김두원이 성내어 꾸짖었다.

"너희는 장고도의 암초에 부딪친 배로 우리나라에 배상을 요구하면서, 너희 일본 국민이 내 소금을 훔쳐간 것은 배상하지 않으려고 하느냐?"

고쿠분 쇼타로 등은 말문이 막히자, 물러나서 서로 말했다.

"모든 한국 사람이 다 김두원만 같다면 나라가 강해져서 적수(敵手)가 없을 것이다."

일본 공사가 이에 3백 원을 외부로 보내주며 말했다.

"이것은 김두원의 구휼금(救恤金)이다."

김두원이 내치며 말했다.

"내가 마땅히 받을 소금값인데 구휼금이라니 무슨 말이냐?

내가 어찌 일본놈의 구휼금으로 살겠느냐?"

광무 7년(1903) 3월 일본 공사가 회답했다.

"기무라 겐이치로라는 자는 이미 죽었고, 집안 재산 역시 남은 것이 없어 대신 물어내게 할 곳이 없다."

김두원이 더욱 화가 나서 6월 23일 황토현(黃土峴)[88] 길가에서 일본 공사를 만나 소금값을 따지자 일본 공사가 그를 거절했다. 김두원이 분격하여 한마디 고함지르면서 일본 공사를 발로 차서 수레에서 떨어뜨리니, 구경하는 사람들이 담장을 두른 듯 했다. 일본 공사가 우리나라 외부에 화풀이하며 말했다.

"이것은 귀 정부가 나를 욕보이라고 김두원을 부추겨서 이렇게 된 것이다."

마침내 김두원은 3년 징역형에 처해졌다.

【보충해설】

1900년 일본의 풍범선(風帆船)이 충청남도 장고도(長古島)에 좌초되어 난파되는 일이 발생했다. 이때 섬에 거주하는 사람들이 부서진 선판 몇 조각을 습득했는데, 일본공사 하야시 곤스케는 당시 섬 주민이 배를 파손하였다고 주장하며 대한제국 정부에 손해배상을 청구했다. 정부는 섬 주민 10명을 서울로 압송하여 재

88 황토현(黃土峴) : 서울시 종로구 세종로와 신문로 · 종로가 갈리는 네거리 남쪽인 세종로사거리에 있던 야트막한 고개로서, 이 고개가 황토로 이루어졌던 데서 유래된 이름이다. 황토마루라고도 하였다.

판에 회부하였으나, 선주(船主)와 대질 결과 일본공사의 주장이 사실무근임이 드러나 이들을 무죄로 방면했다. 그러나 1902년 6월 일본공사는 이 문제를 재론하며 3천 원의 손해배상을 요구했다. 대한제국 정부가 거절하자 일본공사는 그들이 매년 납부하는 마산 조계지(馬山租界地) 세금에서 손해배상금을 공제하겠다고 하고, 고종을 알현해서도 같은 주장을 되풀이했다. 결국 고종은 이들의 요구를 수락하고 탁지부(度支部)에 지시하여 3천 원을 일본 정부에 지불했다.

소금장사 김두원은 일본인 기무라 겐이치로의 소금 탈취에 대해 외부(外部)를 통해 일본 정부에 소금값 배상을 요구했다. 김두원은 일제가 대한제국 정부에 배상 책임을 물었던 장고도 사건을 언급하면서 일본 정부에도 소금값 배상의 책임이 있다고 주장했다. 당시 일본인과 관련된 사건일 경우, 한국인은 외부를 거쳐 해당 일본 공사관에 조회하고 일본 공사관의 회답을 기다려야 했다. 외부에서도 해당 일본 공사관에 공문을 보내 답변을 기다리는 것 외에는 달리 방법이 없었다. 김두원은 외부와 일본 공사관을 직접 방문하여 여러 차례 소장을 제출하면서 소금값 배상을 지속적으로 요구했다. 1905년 을사늑약 체결 이후 이토 히로부미(伊藤博文)가 초대 통감으로 왔을 때 그에게 소금값 청구서를 보내기도 했다. 또한 정부의 친일 외교고문관이었던 스티븐스(Stevens. D.W.)에게도 소금값 추심에 관한 일로 서신을 보내기도 하는 등 일본 측 고위 관료들에게도 지속적으로 배상을 요구했다.

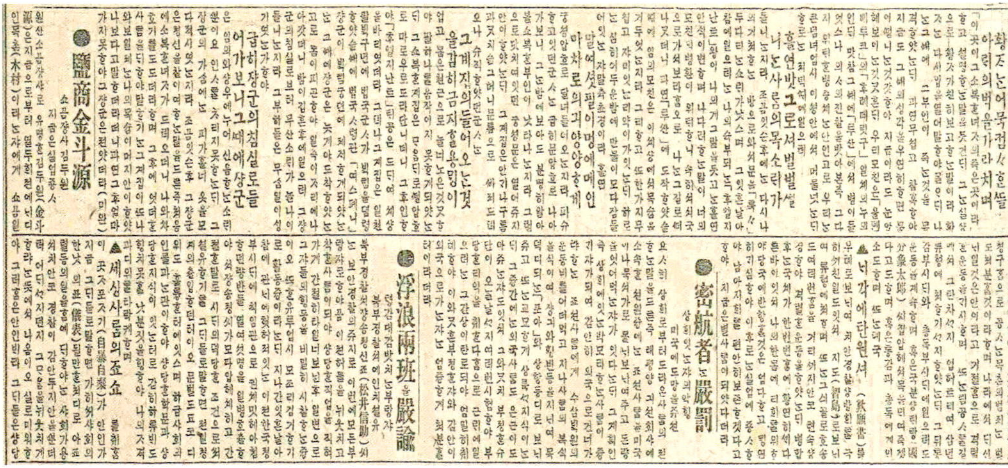

1914년 12월 4일 『매일신보』의 '염상 김두원(鹽商金斗源)' 기사 ©국립중앙도서관

『매일신보』 1914년 12월 4일에 실린 기사를 보면 김두원은 통감부 시대와 총독부 시대에 이르러서도 소금값 배상운동을 계속하면서 고쿠분 쇼타로(國分象太郎) 집 앞에서 목을 매어 죽겠다고도 하고 혹은 내각에 탄원서(歎願書)를 우편으로 보냈다고 기록되어 있다. 김두원은 이로 인해 치안경찰 방해를 끼쳤다고 하여 전라남도 지도(智島)로 유배형에 처해지기도 했으며, 또 시골로 여러 번 호송되었음에도 불구하고 연속 상경해서 격렬한 운동을 펼쳤다. 『신한민보』 1918년 4월 18일 기사에는 김두원이 계속된 상소 제출로 전라북도 어청도(於靑島)에 유배되어 1년 동안 유배 생활을 하고 풀려난 이후에 다시 소금장사 중이라는 기사가 보도되기도 하였다.

김두원의 일본 정부를 상대로 한 소금값 배상 투쟁은 1920년대까지 계속되었다. 1920년에 발행된 『동아일보』에는 김두원의 20여 년에 걸친 분투의 전개 과정과 상황이 상세하게 보도되었다. 김두원은 소송을 진행하는 동안 서울에서 유랑생활을 하고 가족이 굶어 죽기도 하는 등 생활 형편이 극도로 곤궁하였으나 배상 투쟁을 멈추지 않았다. 동 신문의 1920년 5월 27일 기사에는 김두원이 일본 내각과 총독부에 제출했던 명원서(鳴寃書) 전문을 수록하여 투쟁과정이 보도되기도 하였다. 수십 년에 걸친 김두원의 소금값 배상 투쟁은 개인의 문제를 넘어 일제에 굴복하지 않고 저항하는 독립운동의 일환으로 전개되면서 세간의 비상한 관심을 끌었으며 언론 매체에 여러 차례 보도되었다.

080

김석진
金奭鎭

1843~1910, 자 경소景召, 호 오천梧泉, 본관 안동安東[89]

김석진(金奭鎭)은 남작(男爵) 작위를 받지 않고 자살했다.

89 → 55번 김석진 항목 참조

081

조정구
趙鼎九

1862~1926, 자 미경米卿, 호 월파거사月坡居士 · 귤은橘隱 · 작농芍農, 본관 풍양豊壤, 초명 조석구趙晳九[90]

조정구(趙鼎九)는 남작(男爵)의 작위를 받지 않고 자살하였다.

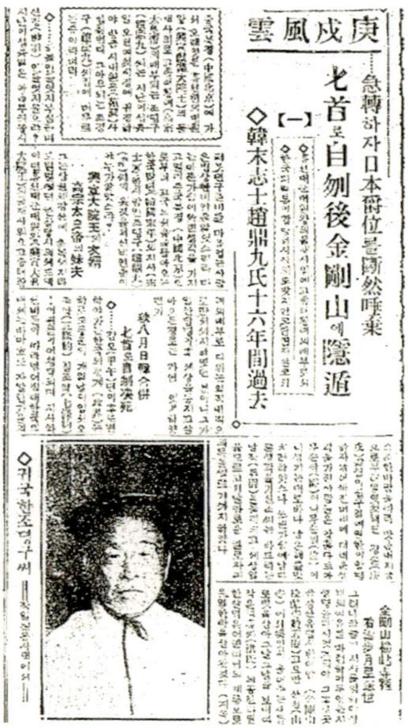

庚戌風雲

急轉하자日本爵位를斷然唾棄

匕首로自刎後金剛山에隱遁

【一】

◇韓末志士趙鼎九氏十六年間過去

1925년 5월 31일 『동아일보』의 조정구 서거 관련 기사 ©국사편찬위원회

90 → 74번 조정구 항목 참조

082

권 축
權 潚

1846~1895, 자 경순景淳, 호 미상, 본관 안동安東

권축(權潚)의 자는 경순(景淳)이고, 본관은 안동(安東)이다. 단양군수(丹陽郡守)로 삭발하고 군수품 요구에 응하지 않다가 죽임을 당했다.

【보충해설】

권축은 1895년 단양군수를 지낼 때에 충청북도 제천(堤川)에서 봉기한 유인석(柳麟錫) 의병부대에 체포되어 2월 15일 참형되었다. 이때 권축이 참형된 것은 평소 친일개화내각의 정령(政令)의 급속한 실행을 서둘러 민비의 폐위 조칙이 있었을 때는 즉일로 전포(傳布)하여 알게 하였지만 그 뒤 복위 조칙이 있었을 때는 전포하지 않았으며, 민간에 전령하여 의병에게 미곡(米穀)이나 세납(稅納) 등을 일체 주지 말라고 백성들에게 지시하여 의병활동을 방해함으로써 유생과 의병들에게 원한을 샀기 때문이었다.

083

김규식
金奎軾

1838~1896, 자 우약友若 · 우약雨若, 호 미상, 본관 청풍淸風

김규식(金奎軾)의 자는 우약(友若)이고, 본관은 청풍(淸風)이다. 충주관찰사인데 피살되었다.

【보충해설】

김규식은 1896년 충주부관찰사(忠州府觀察使)로서 조정의 명에 따라 단발령을 강력히 시행하던 중 의병장 유인석(柳麟錫) 휘하의 의병 오명춘(吳命春, ?~?)에게 피살되었다. 그로부터 오래지 않아 『매일신문』 1898년 6월 14일자 기사에서는 유인석을 의병의 괴수로 언급했을 만큼 당시 언론은 유인석의 의병 활동에 대해 비판적이었다. 1910년 조정에서 규장각제학(奎章閣提學)을 추증하고, 충헌(忠憲) 시호를 내려주었다.

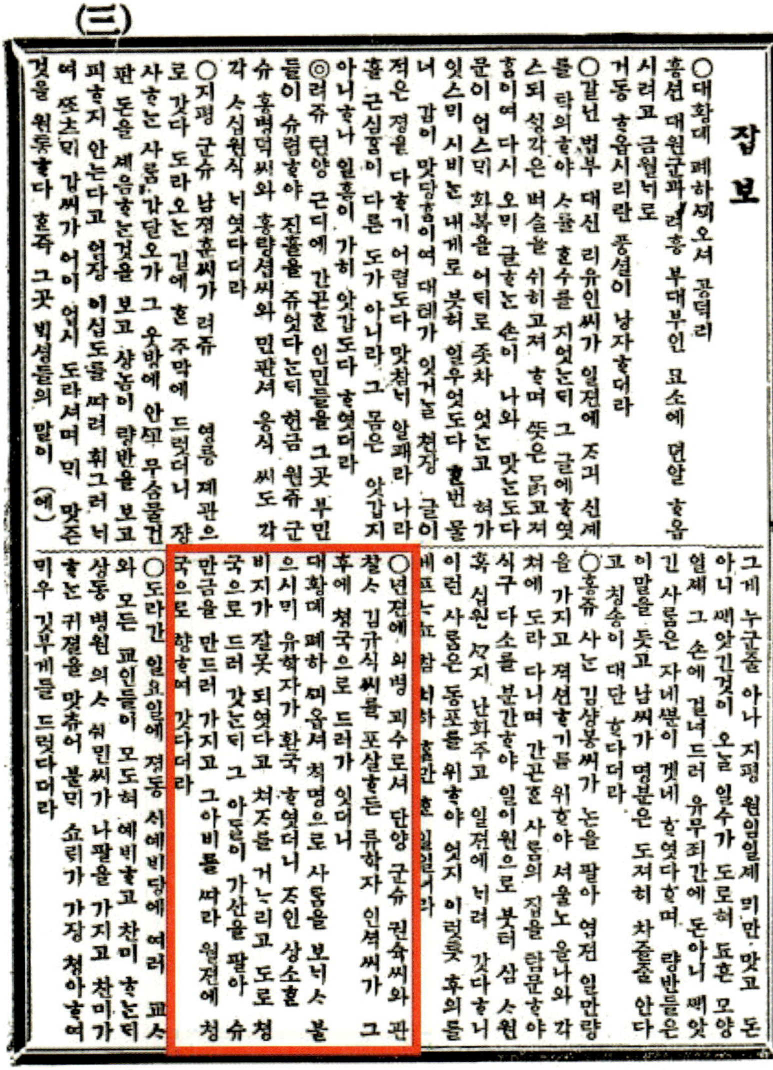

(三)

잡보

○대황뎨 폐하ᄭᅴ오셔 공덕리
흥션 대원군과 려흥 부대부인 묘소에 뎐알 ᄒᆞ옵
시려고 금월닉로
거동 ᄒᆞ옵시리란 풍셜이 낭자ᄒᆞ더라

○갈넌 법부 대신 리유인씨가 일젼에 ᄌᆞ긔 신셰
ᄅᆞᆯ 탄식ᄒᆞ야 ᄉᆞ쥴 혼수를 지엇는ᄃᆡ 그 글에 ᄒᆞ엿
ᄉᆞ되 싱각은 벼슬을 쉬히고져 ᄒᆞ며 ᄯᅳᆺ은 몱고져
ᄒᆞᆷ이여 다시 오ᄆᆡ 글ᄒᆞ는 손이 나와 맛는도다
문이 업ᄉᆞᄃᆡ 화복을 어ᄃᆡ로 좃차 엇는고 혀가
잇ᄉᆞᄆᆡ 시비는 내게로 봇허 일우엇도다 ᄒᆞᆫ번 물
너 감이 맛당ᄒᆞᆷ이여 대례가 잇거늘 쳔장 글이
적은 졍을 다ᄒᆞ기 어렵도다 맛참ᄂᆡ 알패라 나라
ᄒᆞᆯ 군심ᄒᆞᆷ이 다른 도가 아니라 그 몸은 앗갑지
아니ᄒᆞ나 힘ᄒᆞᆷ이 가히 앗갑도다 ᄒᆞ엿더라

◎려쥬 단양 근디에 간곤ᄒᆞᆫ 인민들을 그곳 부민
들이 쥬렴ᄒᆞ야 진휼을 쥬엇다는ᄃᆡ 현금 원쥬 군
슈 홍병덕씨와 홍량셥씨와 민관셔 옹식 씨도 각
각 ᄉᆞ십원식 닉엿다더라

○지평 군슈 남졍훈씨가 려쥬 영릉 졔관으
로 갓다 도라오는 길에 ᄒᆞᆫ 주막에 드럿더니 쟝
사ᄒᆞ는 사ᄅᆞᆷ 갑달오가 그 웃방에 안ᄶᅩ 무ᄉᆞᆷ물건
판 돈을 셰음ᄒᆞ는것을 보고 샹놈이 량반을 보고
피ᄒᆞ지 안는다고 엄장 이십도를 ᄯᅡ려 휘그러 ᄂᆡ
여 ᄶᅩᆺᄎᆞᄆᆡ 갑씨가 어이 업시 도라셔며 ᄆᆡ 맛즌
것을 원통ᄒᆞ다 ᄒᆞᆫ즉 그곳 빅셩들의 말이 (예)
그게 누군줄 아나 지평 원임일세 ᄆᆡ만 맛고 돈
아니 ᄲᅢ앗긴것이 오늘 일수가 도로혀 됴흔 모양
일셰 그 손에 걸녀드러 유무죄간에 돈아니 ᄲᅢ앗
긴 사ᄅᆞᆷ은 자네뿐이 겟네 ᄒᆞ엿다ᄒᆞ며 량반들은
이 말을 듯고 남씨가 명분은 도저히 차줄줄 안다
고 칭송이 대단 ᄒᆞ다더라

○홍쥬 사는 김샹봉씨가 논을 팔아 엽젼 일만량
을 가지고 젹션ᄒᆞ기를 위ᄒᆞ야 서울노 올나와 각
처에 도라 다니며 간곤ᄒᆞᆫ 사ᄅᆞᆷ의 집을 탐문ᄒᆞ야
식구 다소를 분간ᄒᆞ야 일이원으로 봇터 삼 ᄉᆞ원
혹 십원 ᄭᆞ지 난화주고 일젼에 ᄂᆡ려 갓다ᄒᆞ니
이런 사ᄅᆞᆷ은 동포를 위ᄒᆞ야 엇지 이럿듯 후의를
베프ᄂᆞ뇨 참 치하 ᄒᆞᆯ만 ᄒᆞᆫ 일일너라

○년젼에 의병 괴수로서 단양 군슈 권슉씨와 관
찰ᄉᆞ 김규식씨를 포살ᄒᆞ든 류학자 인셕씨가 그
후에 쳥국으로 드러가 잇더니
대황뎨 폐하ᄭᅴ옵셔 칙명으로 사ᄅᆞᆷ을 보ᄂᆡᄉᆞ 불
으시ᄆᆡ 유학자가 환국 ᄒᆞ엿더니 ᄌᆞ인 상소ᄒᆞᆫ
비지가 잘못 되엿다고 처ᄌᆞ를 거ᄂᆞ리고 도로 쳥
국으로 드러 갓는ᄃᆡ 그 아ᄃᆞᆯ이 가산을 팔아 슈
만금을 만드러 가지고 그 아비를 ᄯᅡ라 월젼에 쳥
국으로 향ᄒᆞ여 갓다더라

○도라간 일요일에 졍동 시예비당에 여러 교ᄉᆞ
와 모든 교인들이 모도혀 예비ᄒᆞ고 찬미 ᄒᆞ는ᄃᆡ
샹동 병원 의ᄉᆞ 쉬민씨가 나팔을 가지고 찬미가
ᄒᆞ는 귀절을 맛츄어 불ᄆᆡ 쇼리가 가장 쳥아ᄒᆞ여
미우 깃부게들 드럿다더라

283

1898년 6월 14일 『매일신문』의 의병에게 살해된 김규식 관련 기사 ©국립중앙도서관

084

서상기
徐相耆

1835~1896, 자 여로與潞, 호 미상, 본관 달성達城

서상기(徐相耆)의 자는 여로(與潞)이고, 본관은 대구이다. 청풍(淸風) 군수로서 피살되었다.

【보충해설】

서상기는 1896년 당시 청풍군수로 있으면서, 을미의병으로 봉기한 유인석(柳麟錫)의 의병부대에 의해 살해되었다. 그가 정부의 단발령에 따라 단발을 강행한 것이 의병들의 공분을 샀기 때문이었다.

085

이 설
李 偰

1850~1906, 자 순명舜命, 호 복암復菴, 본관 연안延安[91]

이설(李偰)의 본관은 연안(延安)이다. 충청남도 홍주(洪州)에서 의병을 일으켰다.

91 → 33번 이설 · 김복한 항목 참조

086

김복한
金福漢

1860~1924, 자 원오元五, 호 지산志山, 본관 안동安東[92]

김복한(金福漢)의 본관은 안동(安東)이다. 의병을 일으켰다.

92 → 33번 이설 · 김복한 항목 참조

087

이경식
李耕植

1851~1895, 자 미상, 호 미상, 본관 미상

이경식(李耕植)은 궁내부(宮內府) 대신[93]으로 있다가, 일본 병사에게 찔려 죽었다.

【보충해설】

이경식은 1895년 을미사변 당시 궁내부 대신으로 궁궐을 지키고 있다가, 민비를 살해하기 위해 난입한 일본인들에게 살해되었다.

93 궁내부(宮內府) 대신 : 조선말기 왕실 관계 업무를 총괄하던 관청의 총괄 책임자. 이경식은 을미사변 당시 살해당했다.

088

기우만 奇宇萬

1846~1916, 자 회일會一, 호 송사松沙, 본관 행주幸州[94]

기우만(奇宇萬)은 전라남도 장성(長城)에서 의병을 일으켰다.

94 → 34번 기우만 항목 참조

089

홍계훈 洪啓薰

1842~1895, 자 성남聖南, 호 규산圭珊, 본관 남양南陽, 초명 홍재희洪在羲

홍계훈(洪啓薰)은 시위대(侍衛隊)[95] 연대장(聯隊長)이다. 변고(變故)를 듣고 입궐하다 일본군을 보았다. 훈련대(訓鍊隊)[96]가 함부로 뛰어들어가면서 어지럽게 되자 성난 목소리로 그들을 꾸짖다가 일본 병사에 의해 살해되었다.(을미년(1895) 8월 20일 변)

【보충해설】

홍계훈은 1882년 임오군란 때 민비를 궁궐에서 탈출시킨 공으로 중용되었다. 그 후 1894년 동학농민운동 때 양호초토사(兩湖招

95 시위대(侍衛隊) : 1894년 갑오경장 때 일제의 간섭으로 기존의 여러 군문(軍門)을 모두 군무아문에 소속시켰다가, 1895년 훈련대로 편성하였다. 그해 5월 일제 세력이 다소 약화된 틈을 타 시위대를 독자적으로 설치하였다.

96 훈련대(訓鍊隊) : 조선 말 일본공사(日本公使) 이노우에 가오루(井上馨)의 건의에 따라 1895년에 설치된 신식군대.

討使)로서 장위영(壯衛營) 군사 800명을 이끌고 나가 동학농민군의 기세를 꺾었다. 이때 당시 홍계훈은 진압군 입장에서 각처(各處)와 전보(電報)로 주고받은 내용을 날짜순으로 『양호전기(兩湖電記)』에 기록해두었다. 한편 홍계훈은 당시 동학농민군을 진압한 공적을 인정받아 훈련대장에 올랐다.

1895년 을미사변이 일어나던 날 일본인과 훈련대가 경복궁의 곤녕합(坤寧閤)으로 난입하면서 변란이 일어났다. 이때 광화문을 수비하던 훈련연대장(訓鍊聯隊長) 홍계훈은 난입하는 훈련대를 향해 큰 목소리로 꾸짖다가 광화문 밖에서 일본군이 쏜 탄환에 맞아 죽었다. 1896년 조정에서 군부대신(軍部大臣)을 추증하고, 충의(忠毅) 시호를 내려주었다.

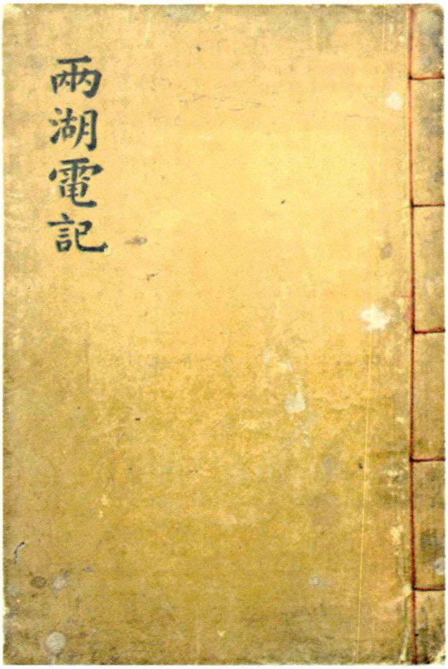

홍계훈의 『양호전기(兩湖電記)』 ©동학농민혁명기념관

090

맹영재
孟英在

?~?, 자 미상, 호 미상, 본관 미상[97]

맹영재(孟英在)는 동지 김백선(金伯善)과 경기도 지평(砥平)에서 의병을 일으켰다.

97 → 32번 맹영재 · 김백선 항목 참조

091

유인석 柳麟錫

1842~1915, 자 여성汝聖, 호 의암毅菴, 본관 고흥高興[98]

유인석(柳麟錫)은 충청북도 제천군(堤川郡) 사람이다. 그의 문도(門徒)와 함께 의병을 창기했다. 사방에 격문을 보내자 호미와 곰방메, 창과 창 자루를 든 사람들이 논밭에서 떨쳐 일어났다. 일본 병사와 서로 싸웠는데 상호 간에 살상(殺傷)이 있었다.

유인석의 심의(深衣) ©문화재청

유인석이 평상복으로 입었던 이 옷은 심의(深衣) 1점, 머리에 쓰는 복건(幅巾) 1점, 허리띠 역할을 하는 대대(大帶) 1점으로 구성되어 있다.

98 → 31번 유인석 항목 참조

092

정아무개(정용기)

鄭□□(鄭鏞基)

1862~1907, 자 관여寬汝, 호 미상, 본관 영일迎日, 이명 정진택鄭鎭宅

정아무개(鄭□□, 정용기(鄭鏞基))의 자는 관여(寬汝)이다. 평소 재주와 계략이 있었는데 국사(國事)가 나날이 그릇되는 것을 보고, 외환(外患)에 대비할 계획으로 직접 화약(火藥)과 전투 도구를 만들었다. 의병을 일으켜 일본 병사를 경상북도 자양면(紫陽面) 입암(立巖)까지 추격하다가 힘이 다해 죽었다.

【보충해설】

정용기는 을사늑약 체결 후인 1906년 고종으로부터 의병을 일으키라는 밀지를 받은 부친 정환직(鄭煥直, 1844~1907)과 함께 600여 명을 모아 의병을 일으킨 후 산남의진(山南義陣)에 가담하였다. 경상북도의 영천(永川)·영일(迎日)·청송(青松) 등지를 중심으로 일본군을 기습 공격하는 등 유격전을 벌여 많은 성과를 거두었다. 부친이 일본 경찰에 체포되었다는 거짓 소식을 접하고 경주(慶州)로 가던 중 일본 진위대에 체포되어 대구형무소로 이송되었으나 고종의 특명으로 풀려났다. 그 후 부친은 상경하고 홀로 흩어진 의병을 규합한 정용기는 의병대장에 추대되자 400여 명의 의병을 거느리고 청송·청하(清河) 등지에서 일본 헌병분파소를 습격하는 등의 활약으로 일본군을 사살하거나 효수(梟首)하는 등의 전과(戰果)를 거두었다. 1907년 9월 1일 입암으로 진격하던 중 일본군의 포격을 받아 전사(戰死)했다.

1962년 건국훈장 독립장이 추서되었다.

093

정아무개(정환직)

鄭□□(鄭煥直)

1843~1907, 자 좌겸佐謙 · 백온伯溫, 호는 동암東巖. 본관 영일迎日,
초명 정치우鄭致右, 일명 정관직鄭寬直

정아무개(鄭□□, 정환직(鄭煥直))는 자가 좌겸(佐謙)이고, 관여(寬汝, 정용기(鄭鏞基))의 아버지이다. 아들이 죽은 뒤에 보현산(保賢山)에 주둔하니 인원이 수천 명에 이르렀다. 전투를 벌이며 경상북도 의흥(義興)[99] 대율리(大栗里)까지 이르렀는데, 일본 군대와 서로 사상자가 발생했다. 잡혀서 경상북도 영천(永川)으로 되돌아와 조양각(朝陽閣)[100] 아래에서 총살당했다. 대대로 영천에서 살았는데 지수(篪叟)[101]의 후손이다.

이런 말도 있다. 경상북도 청하(淸河) 보경사(寶鏡寺)에 이르렀을 때 힘으로 감당하기 어렵게 되자 사람들에게 "나 때문에 인민들을 죽고 다치게 만든다면 나라에 보답하지 못하는 것이

99 의흥(義興) : 경북 군위 지역의 옛 지명.

100 조양각(朝陽閣) : 경북 영천시에 있는 누각. 임진왜란 때 소실된 명원루(明遠樓) 자리에, 1637년 군수 한덕급(韓德及)이 중창하고 이름을 조양각으로 고쳤다.

101 지수(篪叟) : 정규양(鄭葵陽, 1667~1732)의 호. 이현일(李玄逸)의 제자이다.

다."라고 하고 군졸들을 해산하여 돌려보내고 잡혀서 돌아왔다. 영천에 이르러 일본인들이 회유해도 굴복하지 않고 꼿꼿이 앉아서 총을 맞았다. 피를 다 쏟고 얼굴이 창백해졌지만 끝내 쓰러지지 않고 앉아 있었다. 일본인들이 금지해서 가족들이 시신을 수습할 엄두를 내지 못했지만, 멀리 있던 의병들이 그 소식을 듣고 모여 와서 장례를 치렀다고 한다.

【보충해설】

정환직은 의금부도사와 중추원의관을 지냈다. 을미의병 당시 아들 정용기에게 의병을 모집하여 봉기할 것을 지시한 것도 부친 정환직이었다. 아들이 전투 중 서거하자 정환직이 산남의병부대 의병장의 자리에 올라 의병을 지휘하였다. 사상자가 속출하자 의병을 해산하고 일본군에게 체포되어 순국하였다.

1963년 건국훈장 대통령장이 추서되었다.

정환직 · 정용기 부자를 기리기 위해 경북 영천에 세워진 충효재 ⓒ문화재청

094

유아무개

柳□□

?~?, 자 미상, 호 미상, 본관 미상

유아무개(柳□□)는 경상북도 안동(安東) 하회(河回) 사람이다. 늙어서 귀가 어두웠는데, 합방된 지 한 달 남짓 만에 처음 듣고 그 자리에서 죽었다.

095

술집 노파

酒媼

?~?, 자 미상, 호 미상, 본관 미상

술집 노파가 길가에서 주막을 하고 있었다. 합방의 조짐이 있다는 말을 많이 듣고, 노파는 합방이 무슨 일인지를 물었다. 사람들이 말했다.

"나라가 망하는 것이다."

노파가 탄식하며 말했다.

"나라가 없어지면 무엇을 믿고 살아갈까나?"

하루는 길손들이 술을 청하여 막 잔을 주고받는 참이었다. 한 사람이 옆 사람에게 말했다.

"어제 합방이 되었다는구려."

노파가 깜짝 놀라며 "합방?"이라고 말했다. 술잔을 건넬 사이도 없이 바로 죽고 말았다. 내가 고국에 있을 때 사람들이 이 소식을 전해 주었는데, 지금 늙고 어두워져 그의 거주지와 성명은 잊어버렸으나, 장하고도 슬프게 여겨 그 죽음을 기록한다. (심하게 놀라면 뇌 뒤쪽 맥이 끊긴다고 의원이 말했다.)

096

정인석
鄭寅奭

?~?, 자 미상, 호 미상, 본관 미상

정인석(鄭寅奭) 부장(部將)[102]은 전라북도 익산(益山)에 살았는데, 전주에 갔다가 공북루(拱北樓)[103]에 올라 왜놈 장수를 꾸짖고는 들보에 목을 매고 죽었다. 유서가 있다.

---

102 부장(部將) : 조선시대 오위(五衛)에 속한 종6품 무관, 혹은 포도청의 품계 없는 말단 무관.

103 공북루(拱北樓) : 전라북도 전주시 팔복동에 있는 누각. 조정에서 조령(朝令)을 받들고 사람이 내려올 때 부윤(府尹)이 나가 맞던 곳.

097

김광원
金光遠

?~?, 자 미상, 호 미상, 본관 미상

김광원(金光遠) 박사(博士)[104]는 전라북도 익산(益山)에 살았다. 바지 속에 모래를 채우고 우물에 빠져 죽었는데 유서가 남아 있다.

104 박사(博士) : 성균관의 종7품 관직. 1897년 교수(教授)로 개편되었다.

098 장아무개 張某

?~?, 자 미상, 호 미상, 본관 미상

승지(承旨) 장(張)아무개는 곡기(穀氣)를 끊은 지 7일 만에 죽었다.

099

박아무개
朴 某

?~?, 자 미상, 호 미상, 본관 미상

학자 박(朴)아무개는 나이가 70으로 제자가 수백 명이었다. 곡기를 끊고 제자들을 불러 모두 오기를 기다리면서, 매일 자석을 물고 있다가 한 번씩 침을 모아 그것을 삼켰다. 21일 만에 죽었는데 보라색 빛이 3일 동안 끊이지 않았다.

100

남명직
南命稷

?~?, 자 미상, 호 미상, 본관 미상

남명직(南命稷)은 음사(蔭仕)[105]했다. 충청남도 해미(海尾)로 이주하여 스스로 목을 찔러 죽었는데, 본래 서울 사람이다.

105 음사(蔭仕) : 과거를 거치지 아니하고 조상의 공덕에 의해 맡은 벼슬.

101

* 유동열 柳東說
** 양기탁 梁起鐸
*** 안태국 安泰國

* 1879~1950, 자 미상, 호 춘효春效, 본관 문화文化, 이명 유동열柳東烈 · 유동열柳東悅 · 유청송柳靑松

** 1871~1938, 자 자명子明, 호 운강雲岡, 본관 남원南原, 아명 양의종梁宜鍾, 이명 지탁知卓 · 소화蘇華, 필명 우강于岡 · 우강인于岡人 · 우강산인于岡散人

*** 1877~1920, 자 미상, 호 동오東吾, 본관 순흥順興

유동열(柳東說) · 양기탁(梁起鐸) · 안태국(安泰國)은 데라우치 마사타케(寺內正毅, 1852~1919)를 살해하려고 도모하다가 도리어 피살되었다.

【보충해설】

저본에는 유동열 · 양기탁 · 안태국, 이 세 사람이 데라우치 마사타케 총독 암살을 도모하다 모두 피살된 것으로 서술되어 있으나, 사실과 다르다.

유동열은 대한제국군 육군 참령 등을 역임한 인물로, 1907년 비밀결사 단체인 신민회(新民會)를 조직하고 항일운동에 전념하다 일제에 체포되는 등의 곤욕을 치렀다. 1911년 8월 독립군 기지 창건 운동을 벌이던 신민회 해체를 위해 일제가 조작한 총독 데라우치 마사타케 암살 모의 사건인 '105인 사건'에 연루되어 경성지방법원 1심에서 최고형인 10년 징역형을 선고받았다. 그러나 '105인 사건'이 조작된 것임을 밝혀 1913년 경성복심법원 2심에서 무죄를 선고받고 풀려났으나 이미 1년 6월간 옥고를 치른 뒤였다. 출옥 후 만주로 망명을 떠나 지린성(吉林省) 및 임시정부 등에서 독립운동을 전개하다 1945년 광복 후 귀국해서 미군정청 초대 통위부장(統衛部長)을 지냈으나, 6.25전쟁 때 납북되었다.

유동열에게는 1989년 건국훈장 대통령장이 추서되었다.

양기탁은 『대한매일신보』를 창간한 언론인 출신으로 '105인 사건'에 연루되어 1심에서 10년형이, 2심에서 6년형이 선고되었다. 그 후 4년간 옥고를 치르고 특별 사면으로 풀려났다. 1916년 간도로 망명을 떠나 중국에서 독립운동을 전개하다 텐진(天津)에서 일본 경찰에게 체포되어 국내로 압송된 후 유배(流配)되었다. 그 후 국내에서 언론인으로 활동하다 다시 옥고를 치르고 나와서 재차 망명을 떠나 유동열과 함께 고려혁명당(高麗革命黨)을 조직하였으며, 상해임시정부에서 독립운동을 전개하던 1938년 중국 장쑤성(江蘇省)에서 병사(病死)하였다.

양기탁에게는 1962년 건국훈장 대통령장이 추서되었다.

안태국은 신민회에서 활약하던 인물로 1909년 이완용(李完用, 1858~1926)을 습격한 이재명(李在明, 1887~1910) 사건 연루자로서 2개월간 곤욕을 치렀다. '105인 사건'에 연루되어 2년 형을 받았으나 일제가 재기소하면서 1912년 10년 형을, 그 후 6년 형을 선고받고 옥고를 치르다 석방되었다. 1916년 만주로 망명하여 독립운동에 투신하다 1919년 상하이(上海)로 건너가 임시정부 요인(要人)으로 활동하며 독립운동 단체 통합을 추진하던 1920년 병사했다.

안태국에게는 1962년 건국훈장 독립장이 추서되었다.

유동열 ©위키미디어

양기탁의 일제주요감시대상인물카드 ©국사편찬위원회

102

강우규
姜宇奎

1855~1920, 자 찬구燦九, 호 왈우曰愚, 본관 진주晉州

강우규(姜宇奎)는 평안남도 성천군(成川郡) 무릉면(武陵面) 제남리(齊南里)에서 출생하여, 33살에 함경남도 홍원군(洪原郡) 용천면(龍川面) 영덕리(英德里)로 이사했다. 수십 년 동안 기독교 장로로 지내면서 뜻을 같이 하는 사람들을 위해 사립학교를 운영하여, 뛰어난 자제들을 교육하였다.

합병 이듬해 봄에 북간도로 건너가 두다구(頭道溝)에 거주하면서 지린성(吉林省)·시베리아·연해주·헤이룽장성(黑龍江省) 등 각지를 두루 다녀보고는, 지린성 요하현(遼河縣) 신흥동(新興洞)에 조선인 사립 광동학교(廣東學校)[106]를 설립하였다. 기미년(1919) 양력 3월 1일 조선 경성에서 한국독립선언이 있었을 때, 블라디보스토크 "조선노인단"[107]에 참여했다. 같은 해 5월 새

106 광동학교(廣東學校) : 중국 지린성에 강우규가 설립한 학교는 동광학교(東光學校)였다.

107 조선노인단 : 1919년 블라드보스토크에서 김치보(金致寶)가 단장이

총독이 온다는 소식을 듣자 습격하기 위해 폭탄 1개를 구하고 러시아 사람에게서 사용법을 배웠다. 같은 해 6월 11일 증기선을 타고 14일 아침 함경남도 원산항(元山港)에 내렸다. 다음날 원산부 광석동(光石洞) 거리에서 러시아에서 함께 고생했던 최자남(崔子南, 1876~1933)과 함께… (서술 미완)

【보충해설】

저본은 여기에서 기록이 중단된다. 여타의 기록에서 찾아볼 수 없는 강우규의 주소 등을 소상히 기록한 것으로 보면 노상익은 별도의 상세한 기록을 본 듯한데, 아마 독립운동의 신산한 삶 속에서 차분히 정리할 기회를 얻지 못했던 듯하다. 중단된 기록 뒤에 강우규의 활동은 최자남과 원산에서 계획을 세우고 서울로 잠입하는 데에 성공하는 것으로 이어진다. 1919년 9월 2일 신임 총독이 남대문 정거장(현 서울역)에 도착했을 때 수류탄을 던져 37명의 사상자를 내었다. 비록 총독은 화를 피했지만 정무총감과 만철이사 등 고위직들이 다수 사상하였다. 현장에서 빠져나와 은거하고 있다가 9월 17일 체포되었고, 1920년 11월 29일 사형당했다.

1962년 건국훈장 대한민국장이 추서되었다.

되어 결성된 독립운동 단체. "노인동맹단" "노인단" 등 다양한 명칭으로 불렸으며, 대한민국임시정부의 사업을 지원하는 등의 다양한 활동을 벌였다. 강우규의 폭탄 투척도 조선노인단의 활약으로 보도되었다.

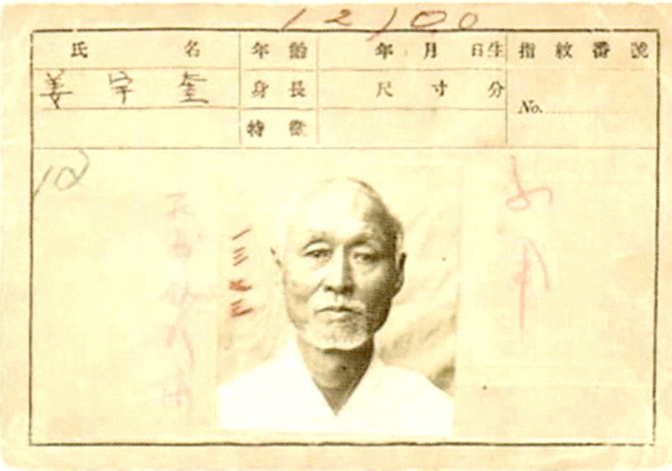

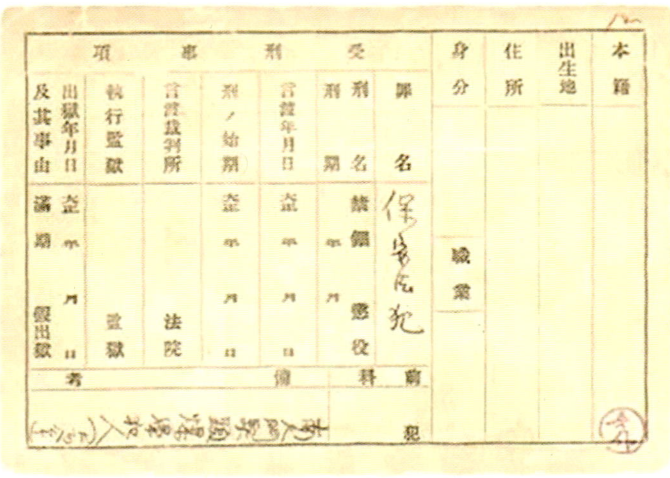

강우규의 일제주요감시대상인물카드 ©국사편찬위원회

임오유월이후낭사인

壬午六月以後浪死人

- 1882년 6월 임오군란 이후 객사한 사람들 -

001

이최응
李最應

1815~1882, 자 양백良伯, 호 산향山響, 본관 전주全州

영의정 이최응(李最應)은 임오년(1882) 6월 10일 난군의 철퇴를 맞고 죽었다.

【보충해설】

이최응은 조선말기의 문신으로 흥선대원군 이하응(李昰應)의 형이다. 민씨정권의 주요 인물로 손꼽히며 대원군이 실각한 이후에 영의정에 올랐다. 1880년 12월 통리기무아문의 설치로 총리대신이 되었으나, 1882년 6월 10일 임오군란 때 성난 군중에 의해 살해되었다.

002

김보현 金輔鉉

1826~1882, 자 공필公弼, 호 난재蘭齋, 본관 광산光山

선혜청(宣惠廳)[108] 당상(堂上) 김보현(金輔鉉)은 같은 날 반란군이 대궐에 들어왔을 때 살해되었다.

【보충해설】

김보현은 1882년 임오군란 때 경기도관찰사였다. 그에 앞서 김보현은 선혜청당상을 지냈는데 자신의 이익을 위해서라면 무슨 일이든 하는 사람이라는 원성이 자자했다. 임오군란이 일어나기에 앞서 군인들에게 녹봉미(祿俸米)가 제때 지급되지 못하고 거듭 밀렸다. 그러자 군인들은 이에 대한 책임을 당시 선혜청당상 민겸호(閔謙鎬)와 직전 선혜청당상 김보현에게 물었다. 임오군란 때 대궐로 난입한 군인들에 의해 민겸호와 함께 창덕궁(昌德宮) 안의 중희당(重熙堂)에서 피살되었다.

108 선혜청(宣惠廳) : 조선 시대, 대동법에 따른 대동포(大同布) 등의 출납을 맡아보던 관청. 1894년에 없앴다.

003

민겸호 閔謙鎬

1838~1882, 자 윤익允益, 호 미상, 본관 여흥驪興

어영대장(御營大將)[109] 민겸호(閔謙鎬).

당시 삼군(三軍)[110]이 군량미(軍糧米)를 받지 못한 지 13개월이 넘었는데, 권력을 잡은 김씨(金氏)·민씨(閔氏) 제신(諸臣)들은 다만 제 배만 채우려 하면서 군민(軍民)들을 생각지 않아 군중의 원망이 하늘을 찔렀다. 6월 9일 광흥창(廣興倉)[111]의 쌀을 내어 1개월치 군량미를 지급했다. 창고 관리는 민겸호의 사삿사람이었는데, 잇속을 채우려고 농간을 부렸다. 묵고 썩은 쌀로 지급하면서, 한 섬에 열 말을 채우지도 않았다. 군중이 민겸호에게 하소연을 하였는데 도리어 욕을 먹고 쫓겨났다. 군중의

109 어영대장(御營大將) : 오군영의 하나인 어영청의 으뜸벼슬로 종2품이었다.

110 삼군(三軍) : 좌군(左軍), 우군(右軍), 중군(中軍)으로 나누어진 조선시대 군사 체제를 말하는데, 여기서는 군대체제를 통칭하는 표현으로 사용됨.

111 광흥창(廣興倉) : 관원의 녹봉에 관한 사무를 맡아보던 관아.

분노가 매우 격해지면서 훈련원 군졸들이 앞장서서 창고 관리를 죽였다. 각 군영의 병졸들은 무기고를 부수고 무기를 꺼내 대궐로 들어가 민겸호를 죽였다. 이때 국상이 났다는 령을 거짓으로 내기도 하였다.[112]

【보충해설】

민겸호는 민비의 척족 세력으로 탐욕을 일삼다가 임오군란의 성난 군졸들에 의해 살해당했지만, 큰형 민태호(閔泰鎬)에게 입적된 그의 친아들 민영환(閔泳煥)은 을사늑약을 반대하며 항거의 뜻으로 자결하였다. (→ 5번 민영환 항목 참조)

임오군란 당시의 별기군
ⓒ국사편찬위원회

112 창덕궁에 거처하던 대원군이 반란군의 예봉을 피하기 위해 국상이 났다는 거짓말을 지어내었다.

004

* 이회정 李會正
** 조채하 趙采夏
*** 정현덕 鄭顯德

* 1818~1883, 자 경숙景淑, 호 미상, 본관 전주全州, 초명 이종정李鍾正
** ?~1883, 자 미상, 호 미상, 본관 풍양豊壤
*** 1810~1883, 자 백순伯純, 호 우전雨田, 본관 초계草溪

이회정(李會正)·조채하(趙采夏)·정현덕(鄭顯德), 이상 3명은 왕후가 환궁한 뒤에 대원군이 친히 임명했다는 이유로 함께 사사(賜死)되었다. 7월이다.

005

* 이조연 李祖淵 ** 윤태준 尹泰駿 *** 한규직 韓圭稷

* 1843~1884, 자 경집景集, 호 완서翫西, 본관 연안延安
** 1839~1884, 자 치명稚命, 호 석정石渟, 본관 파평坡平
*** 1845~1884, 자 순좌舜佐, 호 다옥茶玉, 본관 청주淸州

좌영사(左營使)[113] 이조연(李祖淵), 후영사(後營使) 윤태준(尹泰駿), 전영사(前營使) 한규직(韓圭稷), 이상 세 사람은 비밀리에 청나라 진영에 통지(通知)하기로 모의하였다. 김옥균(金玉均, 1851~1894) 등이 생도(生徒)들을 시켜 후당(後堂)으로 끌고 가서 그들을 죽였다.

【보충해설】

1884년 갑신정변 때 김옥균 등의 개화당 인사들은 12월 4일 우정국(郵政局)의 낙성식을 빌어 수구당 일파를 제거하고자 그 자리

113 좌영사(左營使) : 조선말기, 청나라의 군제(軍制)를 모방하여 구성한 왕의 친위 부대 좌영(左營)의 으뜸벼슬. 후영(後營), 전영(前營) 등의 유사 부대의 으뜸 벼슬도 후영사 전영사 등으로 칭했다.

에 친청(親靑)의 사대당(事大黨) 인사들을 초청했다. 이때 좌영사 이조연은 그 자리에 참석했다가 나라에 변고가 일어날 것임을 알아차리고 대궐로 들어가서 사실을 고하려고 하였다. 이를 눈치챈 김옥균 등은 궁궐로 들어가 고종을 경우궁(景祐宮)[114]으로 옮기도록 한 후, 좌영사 이조연 등을 고종의 명이라고 속여 궁궐로 불러들였다. 이에 궁궐로 들어가던 이조연은 김옥균의 생도(生徒)들에게 피살되었다.

우정국 낙성식이 있던 날 밤 윤태준 또한 초청을 받았지만 숙직이어서 낙성식에는 참석하지 않았다. 그러나 고종이 경우궁으로 행차했다는 소식을 듣고 경우궁으로 달려간 윤태준은 김옥균 생도들에게 피살되었다.

낙성식에 참여했던 한규직은 일단 피신했다가 병졸로 변장한 후, 창덕궁으로 가서 국왕에게 사태의 전말을 설명하려고 하였다. 그러나 김옥균 측의 방해로 임금을 만나지도 못하고 물러가다가 경우궁 문 앞에서 김옥균 일당인 이규완(李圭完) 등에게 살해되었다.

---

114 경우궁(景祐宮) : 1824년에 건립하였으며, 순조의 생모인 수빈 박씨(綏嬪朴氏, 정조의 후궁)의 사당. 위치는 지금의 서울 중구 계동(桂洞)으로, 과거 용호영(龍虎營)이 있던 자리.

006

민영목 閔泳穆* 민태호 閔台鎬** 조영하 趙寧夏***

* 1826~1884, 자 원경遠卿, 호 천식泉食, 본관 여흥驪興
** 1834~1884, 자 경평景平, 호 표정杓庭, 본관 여흥驪興
*** 1845~1884, 자 기삼箕三, 호 혜인惠人, 본관 풍양豊壤

해방총관(海防總管)[115] 민영목(閔泳穆), 보국(輔國)[116] 민태호(閔台鎬), 보국 조영하(趙寧夏).

갑신년(1884) 10월, 친일파 김옥균(金玉均, 1851~1894) · 박영효(朴泳孝, 1861~1939) · 서광범(徐光範, 1859~1897) · 홍영식(洪英植, 1855~1884) · 서재필(徐載弼, 1864~1951) · 박영교(朴泳教, 1849~1884) 등이 친청파 대신을 죽이려고, 임금을 협박해서 어가(御駕)를 옮기고 조서를 조작하여, 위의 세 사람을 불러들여 죽였다. 10월 18일이었다.

115 해방총관(海防總管) : 조선말기 경기 · 황해 · 충청 3도 수군을 통괄하던 해방영(海防營)의 으뜸 벼슬.
116 보국(輔國) : 보국숭록대부(輔國崇祿大夫). 조선시대 정1품 문무관 벼슬의 품계 이름.

갑신정변 현장이었던 우정총국 ©문화재청

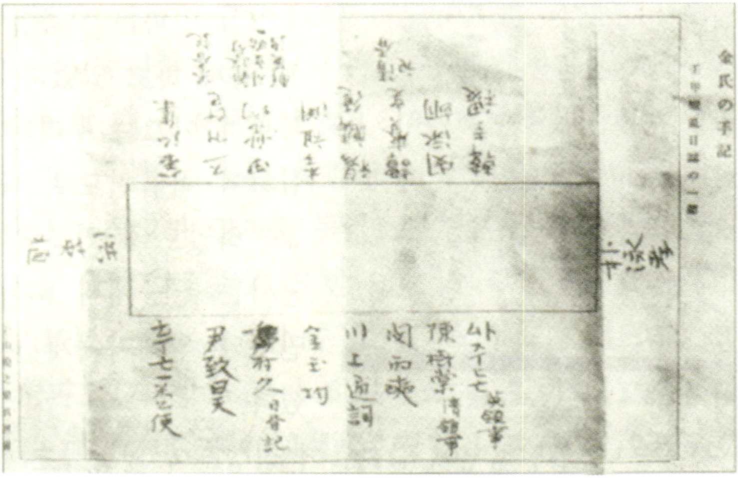

우정국 낙성식 좌석 배치도 ©위키미디어

007 * 홍영식 洪英植 ** 박영효 朴泳孝

* 1855~1884, 자 중육仲育, 호 금석琴石, 본관 남양南陽

** 1861~1939, 자 자순子純, 호 춘고春皐, 본관 반남潘南, 초명 박무량朴無量, 필명 현현거사玄玄居士, 일본명 야마자키 에이하루山崎永春

홍영식(洪英植) · 박영효(朴泳孝).[117]

같은 달 19일 청나라 장수 위안스카이(袁世凱, 1859~1916)가 궁궐 안에 위급한 일이 생겼다는 것을 듣고 군사를 이끌고 궁궐에 들어갔다. 조선의 무예청(武藝廳)[118] 위사(衛士)와 별초군(別抄軍)[119]이 비로소 궁궐에 들어가 어가(御駕)를 받들고 청군(淸軍) 진영으로 향했고 김옥균(金玉均, 1851~1894) 등은 도망을 갔다. 오직 홍영식(洪英植)과 박영효(朴泳孝)만 남아서 임금의 옷을 잡아당기며 막았다. 군사들이 홍영식과 박영효를 끌어내 살

117 저본에는 이 두 사람의 이름 위 난 밖에 "반역을 범함(犯逆)"이라고 적혀 있다.

118 무예청(武藝廳) : 조선시대 왕을 호위하는 일을 맡아보던 무관의 관서. 무예별감(武藝別監)이라고도 한다.

119 별초군(別抄軍) : 조선시대 임금의 거둥 때에 어가(御駕)를 호위하기 위해 특별히 뽑은 군사.

이 뭉개지도록 찍어댔다. 이에 명을 내려 친일파의 족속들과 흉계를 실행한 생도 이창규(李昌奎, 1842~1884) · 서재창(徐載昌, 1866~1884) · 오창모(吳昌模, ?~1884?) 등 11명을 찾아서 체포하고 그들을 처형했다.

008

김옥균 金玉均

1851~1894, 자 백온伯溫, 호 고균古筠·고우古愚, 본관 안동安東

김옥균(金玉均).[120]

갑오년(1894) 3월 대한제국 사람 이일직(李逸稙, ?~?, 이명 이세직(李世稙))·홍종우(洪鍾宇, 1850~1913) 등이 일본으로 건너가 국사범(國事犯)[121]을 죽이고자 하였으나, 김옥균이 기미를 알아차리고 중국 상하이(上海)로 달아났다가 홍종우에 의해 찔려 죽었다.

【보충해설】

김옥균은 갑신정변이 '삼일천하(三日天下)'로 끝나자 일본으로 망명했다. 그러나 일본 정부는 김옥균을 1886년에는 오가사와라

120 저본에는 김옥균의 이름 위 난 밖에 "반역을 범함(犯逆)"이라고 적혀 있다.

121 국사범(國事犯) : 나라의 일이나 정책에 반대하여 국가 권력을 침해하는 범죄. 또는 그런 범죄를 저지른 사람.

(小笠原) 섬으로 귀양을 보냈으며, 1888년에는 홋카이도(北海道)로 추방하는 등 박해를 가했다. 1893년 김옥균이 추방지에서 오사카(大阪)로 돌아왔을 때 개화당 세력을 반대하던 민비 일파가 김옥균 암살 목적으로 보낸 자객 홍종우가 다가왔다. 그 사실을 몰랐던 김옥균은 홍종우와 함께 상하이로 떠나기로 약속했다. 1894년 2월 21일

김옥균 ©국사편찬위원회

상하이에 도착한 두 사람은 동화양행(同和洋行) 여관에서 각자 다른 방에 묵었다. 이때 김옥균은 일본인 시종 기타하라 엔지(北原延次)와 함께였다.

22일 새벽, 홍종우는 김옥균에게 자신이 갖고 온 서양 돈을 환전해서 무역을 하자는 제안을 했다. 이를 받아들인 김옥균을 두고 외출했다 돌아온 홍종우는 환전해주는 사람이 자리를 비워 환전은 오후 6시에나 가능할 것 같다고 했다. 그날 오후 3시경 밖에서는 불꽃놀이가 한창이었다. 그 틈을 탄 홍종우가 김옥균의 방으로 가서 시종 기타하라 엔지를 밖으로 내보낸 후, 낮잠을 자고 있던 김옥균을 향해 권총 세 발을 쏘아 죽였다. 불꽃놀이 소리 때문에 사람들은 총소리를 듣지 못했다.

그 후 청나라에서는 김옥균의 시신은 조선에서 처리하겠다는

조선의 전보(電報)를 받고 그의 시신을 홍종우와 함께 돌려보냈다. 현 서울 마포구 합정동 부근의 양화진(楊花津)에 도착한 김옥균의 시신은 능지처참되어 머리가 내걸리고 소금에 절여졌다.

김옥균의 일제 주요감시대상 인물 카드 ⓒ국사편찬위원회

홍종우 ⓒ위키미디어

009

김학우
金鶴羽

1862~1894, 자 자고子皐, 호 미상, 본관 김해金海

법부협판(法部協辦)[122] 김학우(金鶴羽)는 김국선(金國善, ?~1894)·한기석(韓祈錫, ?~1894)의 손에 살해되었는데, 이준용(李埈鎔, 1870~1917)이 그들의 배후 지령자였다. 김국선·한기석·박준양(朴準陽, ?~1894)·이태용(李泰容, ?~1894) 등은 교수형에 처해졌고, 이준용은 강화군 교동도(喬桐島)에 유배되었다. 대개 이 옥사는 일본인이 대원군(大院君, 李昰應, 1820~1898)을 제거하려고 벌인 일이다.

122 법부협판(法部協辦) : 조선말기 사법 행정을 맡아보던 법부(法部)의 차관 벼슬.

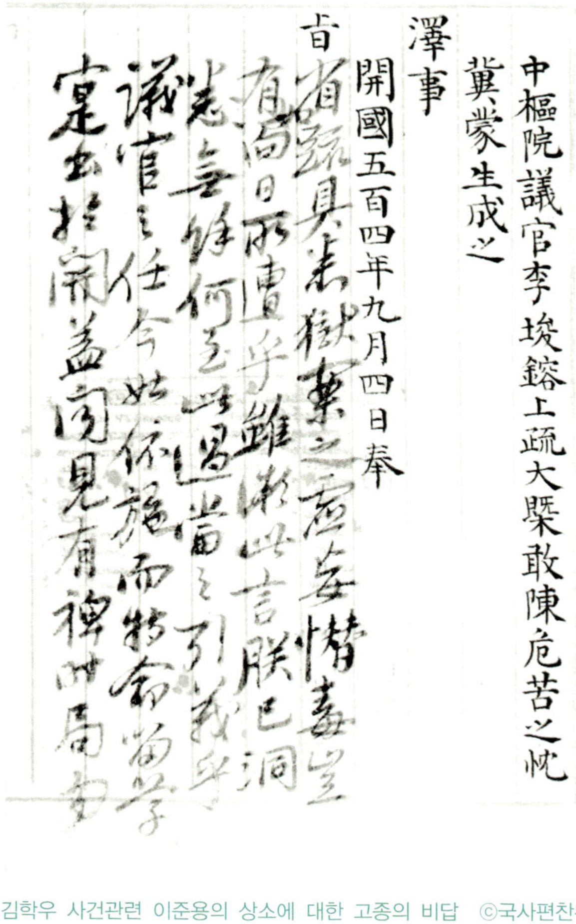

中樞院議官李埈鎔上疏大槩敢陳危苦之忱
冀蒙生成之
澤事
開國五百四年九月四日奉
旨

김학우 사건관련 이준용의 상소에 대한 고종의 비답 ©국사편찬위원회

010

이경직
李耕稙

1841~1895, 자 위양威穰, 호 신보莘夫, 본관 한산韓山

이경직(李耕稙)은 을미년(1895) 8월 20일 궁궐 안에 변고가 있을 때 궁내부(宮內府)[123] 대신(大臣)으로 일본 병사에게 살해당했다. 이때 정부의 친러파는 궁중 인사들과 인연을 맺고, 은밀하게 친일파를 배척하여 정권을 장악하려고 하였다. 일본인이 장차 세력을 잃게 될 지경에 처하자, 일본 공사 미우라 고로(三浦梧樓, 1847~1926)가 시해 모의를 주동하여 국모의 변고가 일어났다.

【보충해설】

이경직은 조선의 문신이다. 1885년 문과에 급제하고 1892년 전라도 관찰사를 거쳐 1895년 궁내부대신(宮內府大臣)이 되었다.

123 궁내부(宮內府) : 구한말 왕실에 관한 모든 일을 맡아보던 관아. 1894년에 설치하여 1910년까지 두었다.

1895년 10월 일본 공사 미우라 고로의 지휘로 경복궁에 침입한 일본 낭인들에게 항거하다가 살해되었다. 고종은 장충단(奬忠壇)을 세워 이경직의 위패를 모시고 제사지내게 하였다. 1899년에 의정부의정(議政府議政)이 추증되었다.

011

이도철
李道徹

1852~1895, 자 성관聖寬, 호 두남斗南, 본관 전주全州, 이명 이도희李道熹

이도철(李道徹)은 평양진위대(平壤鎭衛隊) 대대장(大隊長)을 지낸 적이 있다. 을미년(1895) 10월 12일, 이범진(李範晉, 1852~1911) 등 30여 명이 서양인 5명과 함께 훈련원에 모여 국모(國母)의 원수를 갚기로 맹세하고, 이도철을 지휘관으로 삼고, 군병과 장사 수십 명을 모집하였다. 북장문(北墻門)과 춘생문(春生門)으로부터 두 길로 들어가 내각(內閣)[124]을 습격하려고 하였다. 내각이 그 모의를 알아차리고, 중대장 신우균(申羽均, 1874~1932)이 군대를 지휘하여 그들을 막게 하였다. 이도철은 수괴(首魁)로서 사형에 처해졌다.

124 내각(內閣) : 조선말기, 국무 대신들로 조직되어 국정을 심의하던 최고 관아. 의정부를 고친 이름이다.

【보충해설】

이도철은 1895년 10월 육군 참령(參領)으로서 뜻을 같이하는 사람들과 함께 당시 실세를 잡고 권력을 휘두르던 친일파를 몰아내기 위한 계획을 도모하다 체포된 후 그해 11월 법원에서 모반죄(謀反罪)가 확정되어 교수형에 처해졌다. 이른바 춘생문사건(春生門事件)이다.

정교(鄭喬, 1856~1925)의 『대한계년사(大韓季年史)』에는 당시 이도철이 벌인 거사는 고종의 밀칙을 받아서 도모하던 것으로 되어 있다. 그러나 황현(黃玹, 1855~1910)의 『매천야록(梅泉野錄)』에는 이도철이 시종(侍從) 임최수(林最洙, 1853~1895)와 함께 왕의 뜻을 거짓으로 꾸며 내각 대신들을 죽이려고 도모하다 발각된 것으로 서술되어 있다.

012

임최수
林最洙

1853~1895, 자 사원士元, 호 동양桐陽, 본관 나주羅州

임최수(林最洙)도 수괴로 사형에 처해졌다.

【보충해설】

임최수는 이범진(李範晉) 등과 결의하여 을미사변 전후의 친일자들을 처벌하기 위해 내각을 습격하여 전투를 벌이다가 체포되어 사형당한 것이다.

을미사변의 현장이었던 경복궁 옥호루
ⓒ국사편찬위원회

013

김홍집 金弘集

1842~1896, 자 경능景能, 호 도원道園, 본관 경주慶州,
초명 김굉집金宏集, 시호 충헌忠獻

총리대신 김홍집(金弘集).

건양 원년 정유년(丁酉年) 12월 11일,[125] 고종은 러시아 공사 카를 이바노비치 베베르(Karl Ivanovich Weber, 1841~1910)의 공사관으로 거처를 옮기고, 즉시 경무관(警務官)[126] 안환(安桓, ?~?)에게 명을 내려 경무청(警務廳)[127] 문 앞에서 김홍집을 죽이도록 했다. 을미년(1895) 8월의 변고 때 일본인 스기무라 후카시(杉村濬, 1848~1906)가 은밀히 김홍집을 방문하여 시해를 모의

125 건양 원년은 병신년(1896)으로, 고종이 러시아 공사관으로 거처를 옮긴 때는 1896년 2월 11일이었다. 저본의 기록에 착오가 있는 듯하다.

126 경무관(警務官) : 갑오개혁 때 설치된 경찰직. 1894년 종래의 포도청(捕盜廳)을 폐지하고 새로 설치한 경무청의 관직이다.

127 경무청(警務廳) : 1894년 갑오개혁 이후에 한성부 안의 경찰 업무와 감옥의 일을 맡아보던 관청. 이전의 좌우 포도청을 합하여 내무아문 안에 새로 두었는데, 1900년에 경부(警部)로 고쳐 독립시켰으나, 이듬해에 다시 이 이름으로 고쳐 내부(內部) 아래 두었다가, 다시 경시청으로 고쳤다.

한 죄가 없지 않았기 때문이다.

【보충해설】

김홍집 ©위키미디어

김홍집은 1880년 수신사로 일본에 다녀왔으며 귀국한 뒤 고종에게 『조선책략(朝鮮策略)』을 바쳤다. 이후 통리기무아문(統理機務衙門)의 외교통상 업무를 전담하게 되면서 정치외교가로서 활약했다. 1894년 7월 군국기무처 설치 이후 영의정에 임명되었고, 갑오개혁으로 개편된 관제에 따라 최초의 총리대신이 되었다. 1896년 2월 고종이 아관파천을 단행했을 때 뒤늦게 사실을 알게 된 김홍집이 급히 러시아 공사관으로 향했으나 만나지 못했다. 결국 김홍집 내각은 붕괴되었고 고종은 그에 대해 체포 명령을 내렸다. 김홍집은 왜대신(倭大臣)으로 지목되어 광화문 앞의 성난 군중에 의해 최후를 맞았다.

서울 구(舊) 러시아공사관 ⓒ문화재청

1890년(고종 27)에 지은 르네상스풍의 2층 벽돌 건물이다. 한국전쟁으로 건물이 심하게 파괴되어 탑과 지하2층만이 남아있었으나 1973년에 복구되었다. 한쪽에 탑을 세웠으며 정문은 개선문 양식이다. 일본군에 의한 민비시해사건 이후 1896년 2월부터 1897년 2월까지 고종이 세자와 함께 피신하여 있던 곳이다. 이 기간 동안 친일파인 김홍집 내각이 무너지고 친러시아적인 박정양 내각이 조직되었으며 서재필이 주도하는 독립협회가 결성되었다. 고종이 거처했던 방의 내부는 건물과 같은 르네상스풍의 실내장식을 했다.

014

정병하 鄭秉夏

1849~1896, 자 자화子華, 호 남고南皐, 본관 온양溫陽

농상대신(農商大臣)[128] 정병하(鄭秉夏)[129] 또한 같은 날 살해되었다. 내부대신(內部大臣)[130] 유길준(兪吉濬, 1856~1914)은 일본 병영으로 뛰어들어 처형을 면했다. 을미년(1895) 8월 변고 때 정병하는 농상공부협판(農商工部協辦)[131]으로서 변고가 발생하기 전날 밤 궁궐에 들어가 왕후(王后)의 동정을 엿보면서 강력

128 농상대신(農商大臣) : 조선 시대, 1894년에 설치한 관청으로 농업, 상업, 공업 등에 관한 일을 맡아보던 농상아문(農商衙門)을 총괄하는 으뜸 벼슬.

129 저본에는 정병하의 이름 위 난 밖에 "죽어 마땅함(當死)"이라고 적혀 있다.

130 내부대신(內部大臣) : 조선 시대, 이조와 내무부, 제중원(濟衆院) 등을 합쳐서 지방 행정까지 총괄하도록 만든 내무아문(內務衙門)의 이름을 1895년 내부(內部)로 바꾼 관청의 으뜸 벼슬.

131 농상공부협판(農商工部協辦) : 1895년 을미개혁 때 설치된 농상공부의 차관(次官). 칙임관(勅任官) 삼등급으로, 농상대신(農商大臣)을 보좌하였다.

하게 아뢰었다.

'일본 병사의 입궐은 옥체(玉體)를 보호하기 위함이고, 제가 이미 파악하고 있으니 조금도 의심하거나 두려워할 것이 없습니다.'라고 하여, 왕후의 도피 방해 계획을 수행하였다.

【보충해설】

정병하는 중인(中人) 출신으로, 1881년 일본으로 신사유람단을 보낼 때 외교와 통상 사무를 맡아보던 통상사무아문(通商事務衙門)으로서 오사카(大阪)에 파견되었다. 그 후 주사(主事)와 사관(史官)을 역임하고, 1889년 협판(協辦)이 되었다.

당시 조정에는 별입시(別入侍)라 하여 중국이나 일본 등 외국을 다녀온 관리들이 임금을 사사롭게 찾아뵐 수 있는 제도가 있었다. 정병하 또한 별입시로서 수시로 고종을 뵈면서 신임을 두터이 받았다. 1894년 정병하는 김홍집 내각에서 농상아문협판(農商衙門協辦)이 되었으며, 1895년에는 고종과 민비의 신임을 받아 왕실의 재정을 맡아보는 내장원장(內藏院長)과 함께 농상공부협판직을 겸하고 있었다.

1895년 8월 19일 을미사변이 일어나던 전날 밤 정병하는 대궐에서 숙직을 하고 있었다. 그날 밤 대궐 안으로 들어온 일본 낭인들을 이상하게 여긴 민비는 피신을 하고자 정병하에게 대궐 정황에 대해 물었다. 이때 민비는 조금도 의심하거나 두려워할 필요 없다는 정병하의 거짓 보고를 믿었다가 화를 당했다. 후에 정병하는 민비 폐비 조칙(詔勅)에도 서명을 했으며, 유길준의 강요로 단발령의 시범을 보여야 했던 고종의 머리카락을 직접 깎기도 했다.

고종은 아관파천을 한 후 김홍집과 정병하를 잡아들여 죽이도록 했다. 이때 역적으로 지목된 정병하는 경무청 앞 돌다리에서 총순(總巡) 소흥문(蘇興文, ?~?)의 손에 죽었다. 당시 정병하의 시신이 종로 거리에 내걸리자 성난 군중들이 돌과 깨진 기왓장을 집어 던져 시신이 너덜너덜해졌다. 단발령을 주도했던 유길준은 일본공관으로 숨어들어 갔기 때문에 조선 군교(軍校)들이 들어갈 수가 없어 처형을 면했다.

015

어윤중
魚允中

1848~1896, 자 성집聖執, 호 일재一齋, 본관 함종咸從

탁지대신(度支大臣)[132] 어윤중(魚允中)은 김홍집(金弘集, 1842~1896)과 정병하(鄭秉夏, 1849~1896)의 사망 소식을 듣고, 담당 부서로 뛰어들어가 장부를 대강 정리해서 부서 관리에게 준 뒤에, 충청북도 보은(保恩, 報恩) 고향집으로 내려가다 경기도 용인(龍仁)에 이르렀을 때 난동 백성들에게 죽임을 당했다.

【보충해설】

어윤중은 파격적인 개혁안으로 조정을 경악하게 했던 인물이었다. 1881년 조사시찰단으로 일본을 방문하고 귀국길에 중국에 다녀온 뒤에 더욱 적극적으로 개혁안을 제기하였다. 조정에서 역적이라고 부르던 동학 가담자들을 민당(民黨)이라고 칭하는 등의 행보로 농민층으로부터 광범위한 지지를 얻고 있기도 하였다. 저

132 탁지대신(度支大臣) : 조선말기 재무 행정을 담당하던 탁지부(度支部)의 으뜸 벼슬.

본에 기록되어 있는 것처럼 아관파천 당시 관리들이 피살될 때에도 행정 자료들을 수습하여 후임자가 업무를 담당하는 데에 지장이 없도록 조치한 뒤에 고향으로 돌아갔다. 농민들이 자신을 지지하기 때문에 별 탈이 없을 것이라고 생각했던 것이다. 저본에 난동백성이라고 표현된 무리는 어윤중과 소송을 벌이던 사람의 노비들이다. 어윤중과 산송(山訟)을 벌이던 어느 향반이 머슴들을 동원하여 어윤중을 습격 살해한 것이었다.

어윤중 ©국사편찬위원회

大韓亡國史列傳

대한망국사열전

- 원문 -

1 李漢膺

李漢膺, 昆陽郡守璟鎬之子. 年十八畢業英語, 三十一歲任駐英署理公事務. 乙巳五月十二日在倫敦仰藥自裁. 遺其家人書曰: “嗚乎, 國無主權, 人失平等, 凡關交涉恥辱罔極. 苟有血性其可堪忍乎. 嗚乎, 宗社其將墟矣, 民族其將奴矣. 苟且偸活, 其辱益甚. 寧若溘然而爲愈乎. 計決於此更無他言云云.” 盖英日初次聯盟, 以韓國獨立爲詞矣. 及日俄戰罷, 英日改訂約條, 卽以日人保護韓國宣布, 則彼其目無韓國久矣. 英人素驕, 雖富强同等之國, 惟有輕侮之態, 其於韓國必視亡國奴也, 遂仰藥而死.

2 韓圭卨

韓圭卨, 前營使圭稷之弟也. 乙巳十一月, 伊藤之脅締條約也, 圭卨以參政大臣, 抵死抗議, 于時完用等合日人之用事, 機變未可測也. 上謂圭卨曰: “十分愼之.” 圭卨泣對曰: “人無不死之人, 國無不亡之國. 苟君臣同殉, 社稷雖亡, 亦有辭於天下.” 被日人之押, 亡國之後, 不受爵金.

3 張志淵

張志淵, 以皇城新聞社長, 執筆公正, 世皆以剛直稱. 至是保護條約, 成於一夜之頃, 其詳莫佈, 群情惑焉. 志淵謀於社友曰: “今日條約, 係吾國存亡之大者, 若不揭其實而暴之者, 以日人之巧猾, 必藉口我君臣上下之一致協定, 以欺天下, 泯其脅迫强勒之狀, 吾輩雖死, 不可緩也." 乃將其締約顚末, 大書特書, 詳記一通. 又作論文一篇, 題曰 : '是日也放聲大哭,' 而血淚滿紙, 滔滔數千言也. 然若由日警檢閱者, 一紙莫發, 只觸其怒耳. 乃以其夕益增, 印萬紙, 不經檢閱, 直行播傳, 使人遍走京城內外, 逐戶交投. 至各旅館, 及車場亦然. 徹夜痛飮. 翌朝日警官等, 馳入其館, 押收報章, 封鎖機械, 逮志淵入警廳. 警官問曰 : "爾知違反檢閱之爲罪乎." 曰 : "知之." 警官曰 : "知之奚爲故犯." 志淵曰 : "此吾職也. 吾行吾職, 死且不避." 警官遂不復訊, 而囚之經七十餘日, 乃釋.

4 安秉瓚

安秉瓚, 時任法部主事, 持斧伏闕上疏 : "臣惟待嚴命, 以此斧亟斬賣國五賊之頭.", 辭甚激烈. 日巡拘入警廳, 被囚七十餘日乃釋.

5 閔泳煥

閔泳煥, 字文若, 號桂庭, 輔國謙鎬之子. 乙巳拜參政, 以反對日人之要求, 故卽遞, 移侍武官長. 是年十月, 往龍仁, 緬葬前配金夫人, 歸京, 而日本之保護條約成矣. 痛哭嘔血, 遂偕趙秉世諸臣, 伏闕聯疏以爭之, 屢被嚴旨不退. 十一月一日朝, 暫回家, 招諸子使前, 撫長兒範植背曰 : “何時見汝成長乎?” 仍往校洞, 拜母夫人徐氏, 復趨闕. 是夕, 趙秉世被日兵押去, 泳煥代爲疏首, 苦籲不已. 自上有拘拿懲辦之命, 待罪, 蒙釋. 更移設疏廳, 與諸人約明日再會而散. 泳煥, 移館隣舍, 揮傍人出曰 : “我要睡.” 惟一傔在側, 昧爽謂傔曰 : “出取盥水來.” 傔出卽鎖戶, 抽刃自刺, 刃短不能深入. 更緊握, 自頸至腹, 亂刺不已, 血流滿房乃死. 傔聞哀苦聲, 破戶而入, 視刃尙在手, 勃勃如生. 卽十一月四日卯刻也. 時有大星隕于西, 有鵲百餘群集而噪. 有遺書二片, 在衣衿中. 一訣告國民, 一函告各公使也. 上聞泳煥死, 震悼, 贈上相, 謚忠正, 且命旌閭.

6 趙秉世

趙秉世, 字稚顯, 號山齋. 性樸直忠勁, 不修邊幅. 歷仕內外, 所在有績, 拜相以直見重. 甲午解職, 歸加平鄕第. 至是聞條約成, 大痛曰 : “國亡矣.” 疾驅入都, 請對哭奏曰 : “國非一人一家之私有. 故有大事, 雖人主不得獨斷. 我祖宗成憲, 必博議于時原任大臣 · 二品以上及在外儒臣, 方可決行. 今日使所請五條, 何等重大, 而一二臣僚, 不體聖意, 不遵國典, 擅自可否, 以國與敵乎. 其蔑法賣國之罪, 萬戮猶輕. 自主務大臣朴齊純, 以及各大臣之書可者, 亟正邦刑, 以謝公論. 卽下詔勅, 繳消該案, 聲明于各國.

若未蒙允, 臣寧碎首天陛而死." 上謝以喉症, 不見, 不得已退出私第. 遂率百官聯疏伏閤, 乃被日兵拘詰. 旣而回至表勳院, 謂諸人曰: "余此行, 固決意殉國, 而況受辱至此乎." 卽草遺疏藏之衣帶中, 又有遺書之訣告國中士民及函告各公使, 遂仰藥而死. 訃聞上震悼, 賜謚忠正, 命旌閭.

7 洪萬植

洪萬植, 故相淳穆之子. 早登科第歷敭內外, 淸愼端重, 人以公輔期之. 甲申之變, 以弟英植之累, 擯斥海島. 後放還. 朝廷憐其無罪, 屢授官職, 而固辭不就. 恒以廢人自居. 退在驪州, 聞日本人勒約之變, 慨然流涕曰: "國辱至此, 無一人蹈海者乎." 遂仰藥自裁.

8 李相哲

李相哲, 慷慨士也. 時任學部主事, 見國日迫, 往往悲泣不食. 至是徹夜痛哭曰: "國亡民奴, 不如無生." 遂仰藥而死. 上聞之命贈學部協判, 旌閭給恤典.

9 金奉學

金奉學, 平壤徵上隊兵, 爲人樸實. 夙抱死國之志, 聞閔忠正死,歔欷流涕曰："世祿之臣, 固當如此. 我雖一卒之微, 亦軍人, 不能效命國事, 而苟且偸生, 不亦羞乎." 仰藥而死. 上聞之遣禮官致祭, 贈秘書丞, 勳四等, 且命旌閭.

10 宋秉璿

宋秉璿, 號淵齋, 以山林選經筵官也. 至是聞日本人勒條約, 因上疏極言. 未蒙允, 直抵都陛見, 袖箚十條, 敷奏曰："天陛咫尺, 卽臣死所, 不准不退." 上曰："朕當准施姑就舍." 對曰："臣以死自處, 不得請不敢退." 掌禮卿南廷哲曰："旣有准施之諭, 姑退宮內府以竢之." 翌日警務使尹喆圭矯傳勅教曰："自上有入對之命." 信之出永成門, 喆圭曰："此距漱玉軒頗遠, 老人不可徒行." 請乘轎. 乃有日憲兵巡査等, 俱以韓服圍立. 稱五賊欲害先生, 故保護耳. 閉轎簾疾驅出西門外. 日兵乃以日服圍住, 且稱有勅令, 奪其佩刀及衣衿中藥物, 終夜嚴守. 秉璿嘆曰："吾爲竪子所紿." 翌朝舁載火車, 夜抵公州之太田驛, 日兵乃解歸. 遂入懷德之石村曰："此吾先祖舊居, 卽吾死所." 召門人曰："我受辱於狡虜至此. 我一身固不足重, 其於士林何, 其於吾道何." 遂以深衣幅巾, 北向四拜, 出其行槖中藥物, 呑下而死. 訃聞上震悼, 賜謚忠正, 命旌閭.

11 潘宗禮

潘宗禮, 字子寅, 中國順天府通州人. 遊學日本回國, 舟次仁川港, 聞日人脅韓締保護約, 且覩韓人被虐之狀, 涕泣哽咽. 適有同舟商人, 將閔泳煥遺書示之, 宗禮覽而泣曰 : "忠臣, 但其死也晩. 捨身救國, 須及於未亡而圖之, 大勢已去, 濺血何及. 因念中韓脣齒也, 韓之旣亡, 中亦危矣. 而國民猶懵無覺焉, 非以血警之不可." 乃列十四條時務, 托其友獻政府, 遂蹈海而死, 年四十二歲. 直隷總督袁世凱, 聞而義之, 卽陳疏具聞于朝, 且爲文以弔曰 : "吾子已矣, 同胞奈何. 諸君勉之, 匹夫有責." 又贈輓聯曰 : "可憐志士輕生, 竟化怒濤撼大海. 願結民國團體, 共爲砥柱挽狂瀾."

12 崔在學

崔在學, 平壤人. 與金仁濈 · 申尙敏 · 田奭畯等, 血死守獨立四字, 發檄告國人, 仍伏閤上疏. 日憲兵巡查欲捕縛而去, 諸生怒叱曰 : "我等爲國, 決死守獨立. 死則死耳, 豈受捕縛之辱於爾等乎." 日兵以軍刀擊之, 諸生益忿奮, 空拳捍白刃. 日兵圍之數匝. 申尙敏尤健鬪, 踢日兵倒地, 帽子紛墜. 日兵一小隊馳來, 突擊諸生. 被刺受縛, 罵不絕口, 且向韓人大呼, 大韓國獨立萬歲. 日兵巾箝其口, 刀打其背, 馳若風雨, 入警廳, 牢囚七十餘日.

13 金河苑

金河苑, 基督敎人. 與李基範·車炳修諸人, 以死守國權之義. 作警告文, 揭之通衢, 痛激演說, 觀者雲集. 日憲兵巡査數十人, 揮釼突入, 蹂躪衆人. 河苑等冒刃直前, 厲聲大叱曰: "我等爲國家獨立而死. 死亦榮矣. 速殺我." 以額撞胸, 日兵巡査以刀亂打諸生, 昏絶仆地. 觀者激忿亂投瓦石. 日兵向衆發鎗, 而猶不去. 乃增派憲兵破市廛縛衆人. 拘致司令部者數百人.

14 金台根

金台根, 農民也. 伊藤出都門外, 乘京釜車, 遊覽水原等地, 安陽停車場, 有石入車幾中, 愕而回程. 及投石者被逮, 伊藤請輕勘處之, 笞一百釋之.

15 奇山濤

奇山濤, 與李鍾大·金錫恒等十一人, 謀刺朴齊純·李址鎔·李根澤·李完用·權重顯五賊, 事洩被捉處役.

16 李建奭

李建奭, 先是被拘於在日憲兵司令部. 及聞保護約成, 嘔血昏仆,因病數月死. 日人投尸門外. 家人檢其襪, 得一片紙. 有遺書, 囑其子應洙曰 : "嗚乎死矣. 人誰無死, 死難其所. 吾死而不瞑者, 國賊未誅, 國權未復也. 嗚乎. 應洙, 汝毋以我死爲痛,[133] 痛我之不能誅國賊復國權而死也. 嘔血臨死, 數字爲訣. 我死之後, 汝勿以哀爲孝, 以禮爲葬, 而惟能繼我志, 乃吾子也."

17 崔益鉉

崔益鉉, 官至贊政, 頃被召登筵, 切論時事, 被日人迫逐, 還定山鄕第. 至是聞保護約成, 乃以不計成敗, 與諸人倡義, 遂募兵購機以作戰具, 發檄以告遠近. 日人偵之卽派兵, 馳至圍而攻之, 砲丸如雨. 益鉉神色自若, 卽挺身而出曰 : "汝等之欲得者我也. 不必亂射以傷多人." 遂與其門徒數十人被執, 至對馬島. 日人餉之, 拒曰 : "我豈食爾粟求生乎?" 遂餓而死.

18 羅寅永

羅寅永, 至是有人在寺洞路側, 狙擊權重顯, 不中, 同時其黨亦欲殺朴齊純等五人, 不果. 拘而訊之, 皆鄕民也. 於是羅寅永 · 李沂 · 吳基鎬 · 尹柱瓚 · 金寅植, 俱詣平理院自首曰 : "我等其主

133 『대한망국사열전』의 "汝毋, 不以我死爲痛"는 『한국통사』의 원문에 의거하여 "汝毋以我死爲痛"으로 바로잡았다.

謀者也. 夫使我三千里壃土二千萬生靈, 陷於今日此境, 政權全失, 民生糜爛, 以至無國無民者, 是誰之罪. 政府諸賊甘心賣國故也. 曩在光武九年十一月十七日, 以堂堂帝國之外交權, 肆然讓渡於日人, 此五賊者, 我國民不共戴天之仇也. 余等欲誅此五賊, 而主使之現, 被囚諸人, 皆無辜者. 余等甘伏其刑." 於是以連累被逮者, 又有閔衡植·崔翼珍·崔東植·呂永祚等數十人. 日兵巡警衛五大臣家尤嚴. 寅永等, 幷遠竄. 寅永往黃海九月山, 痛哭檀君祠, 自刎而死.

19 李儁

李儁, 爲人强勁, 富於冒險, 有百折不撓之氣, 甚得社會之推重. 嘗以平理院檢事, 執法忤上官見罷. 至是西歷一千九百七年六月五日和蘭海牙府, 開萬國平和會, 儁與參贊李相卨受密勅, 以四月二十日發京城, 由咸鏡道, 經海參威, 乘西伯利亞火車, 抵俄京彼得堡見李瑋鍾, 因與之同行, 至海牙府. 時俄國委員, 鼐利圖厚伯爵, 爲平和會議長. 三人訪之, 而俄國政府方以韓國密使事有訓電, 故得以接見. 然該會之認受與否, 非議長權限所及. 遂歷訪英米佛各國委員, 懇求參會. 且對和蘭政府, 說明乙巳條約無韓皇允準, 則日本無奪取韓國外交之理, 由是韓皇特派使節來也. 又訪俄國著名新聞記者, 載韓國事由. 七月五日, 相卨等詣平和會控詞. 各國委員等, 見此控辭, 縱諒其苦衷, 而未有以處之, 相視無言, 終乃却之. 李儁自刎, 灑血. 相卨·瑋鍾, 去美國.

20 姜泰鉉

姜泰鉉, 同友會員也. 七月十八日, 伊藤與完用等逼帝禪位也, 與同員宋榮根爲首, 宣言曰: "現內閣諸人, 卽滅我國家, 殺我民族之極逆大憝, 不可不討也. 且聞林董將迫我皇帝渡日云, 凡我臣民敢惜死乎." 於是聚集於石鼓壇前者千餘人, 一以燒毁完用家舍, 夷滅其族, 一以破壞京釜鐵道, 阻止御駕東渡決計. 遂馳往西門外, 焚完用家舍, 其妻子已先機避匿於前外部顧問須知分家. 又一團擊壞西門外日人警察署, 襲擊黃土峴日巡派出所. 又一團大書白布曰'隨從會', 揚旗馳突擊毁軍部大臣李秉武家. 又一團在鐘路, 被日騎兵追擊. 此時悲風滿城, 殺氣騰空. 日人從窓隙發彈, 死者甚多, 伊藤乃以兵力嚴行捕戮, 歷數日乃定. 十九日行讓位式, 亦太苟焉. 時宮相朴泳孝稱病不入, 完用自任署理欲準備儀式, 而以反對派之障碍, 延過一日. 至二十日, 在中和殿以權停例擧行, 只令新帝代理爲辭. 完用等恐復位, 二十二日進皇帝位於新帝.

21 朴勝煥

朴勝煥, 侍衛第一大隊長也. 自乙未凶變以後, 嘗懷報仇之志. 七月三十日, 完用等與日人, 入昌德宮脅帝, 下軍隊解散詔, 誓欲以一死報之. 當皇位廢置之日, 欲於宮中擧事, 恐禍及君上而止. 八月一日長谷川召集各隊長, 而稱疾不往, 使中隊長替行. 及聞解散軍隊詔, 忿劇若發狂蹴床打椅, 大聲痛歎. 慨宿志之未遂, 寧溘然而殉義, 遂引短鎗自射而斃. 隊中將卒一時忿激, 直破彈藥庫, 取出藥丸, 射殺大尉梶原及其卒百餘名. 于時原州鎭衛隊擧義, 襲擊郵便, 幷毁日人家屋, 互相接戰多有殺傷. 江華鎭衛隊, 聯合人民五百餘名, 襲擊日巡住在所, 殺日巡. 因殺郡守鄭景洙, 以其爲日黨一進會員也.

22 閔肯鎬

閔肯鎬, 原州鎭衛隊正校也. 剛正有氣節. 聞伊藤擅廢皇位, 痛哭擧兵. 轉戰原州 · 堤川 · 忠州之境, 多斃日兵. 師行有紀, 甚得民心, 日人亦敬其爲人. 江原觀察黃鐵, 日黨也. 諭以禍福, 勸其歸順, 肯鎬答曰 : "今皇帝傳位, 由陛下本意乎. 君父被脅而禪位, 同胞受辱而魚肉, 壇土屬於他人, 而臣民敢惜死乎. 此愚等所以倡起義旅者, 烏得曰興師無名乎, 今以村落之燒燼, 人民之離散, 歸咎義兵, 亦太不近. 此等無道, 日人所爲乎, 義兵所爲乎. 且義兵解散, 則國滅在卽, 我民不受困於日人, 而可享太平乎. 且君以宣諭之職, 從單騎諭勅可也. 不此之爲, 從外兵而來, 此非誘殺我等之計耶." 乃至忠州. 日兵乘夜襲擊, 中丸而死. 日人亦惜之, 題其墓曰 : '朝鮮義士閔肯鎬之墓.'

23 許蔿

許蔿, 善山人. 慷慨有大節, 不苟苟於生産作業, 撤移於京城. 上聞其爲人, 超拜議政府參贊, 秉心忠直, 亦有賜第之恩. 先時許蔿痛國政全歸於日人掌握, 與同志數十人, 決以死抗, 檄告全國, 其略曰 : "初以東亞維持, 直搗滿洲旅順之域, 先摧貪暴之俄鋒, 修好我韓, 欲保全我壃土, 鞏固我獨立, 約書甫成, 威脅我皇上, 獲奪我國權, 全國之利益, 無所不攫, 肆此暴行, 比之俄人, 尙有過之. 比如防盜入隣家而代逐之, 藉其功而盡奪其家産, 則爲家主者, 反不如失於盜之爲愈也. 今之時勢, 何以異是. 韓國雖疲弊, 二千萬之人口, 同心齊憤, 激發義氣, 求生於方死之地, 圖存於將亡之時, 則何有我弱之足患, 而彼强之可畏乎. 雖氣盡力屈, 弱不敵强, 不猶于束手而死, 縮頭而亡乎." 彼日人貪暴之行, 臚列一一, 以儆起人心. 日使見此大怒, 卽照會外部, 迫令從嚴懲辨, 押收檄文. 至是起義旅於畿甸, 行伍整齊, 村閭晏堵, 隨處轉戰, 互有殺傷, 終爲被執, 逮係警獄, 至死不變其顔色.

24 李康年

李康年, 聞慶人. 起義於原州, 初被戰敗, 日兵奪據原州. 康年群卒, 作市人樣, 其銃釼等物藏于藿馱中, 雜人城市各設廛. 當日至午, 忽呼軍令, 各整軍伍, 突擊日兵, 大破之, 卽入山谷中. 去三四十里許, 有一市場, 適市日也. 市人見義兵來, 有懼色. 康年曰 :

"後有日兵追至, 汝等皆逃避." 市人四散, 一市遂空. 酒食雜物之店, 義兵代爲市人. 久頃日兵推到, 知其義兵遠走, 暫歇集. 午飯時, 其各在粉粧之義兵, 一時竝起突擊, 大破之. 自玆以後, 轉戰地方, 屢有得捷, 而不幸被捕, 押去京城監獄, 而處絞.

25 申乭錫

申乭錫

26 李殷瓚

李殷瓚, 儒生也. 起義於楊根.

27 金準 · 全海山

金準 · 全海山, 起義於湖南.

28 韓致晩

韓致晩, 軍人起義於湖西.

29 韓廷蘭 · 李振龍

韓廷蘭 · 李振龍, 起義於海西.

30 延基祐 · 金雲仙

延基祐 · 金雲仙, 皆軍人起義於關東.

31 柳麟錫

柳麟錫, 堤川人. 與門徒倡義.

32 孟英在 · 金伯善

孟英在 · 金伯善, 起義於砥平.

33 李偰 · 金福漢

李偰 · 金福漢, 起義於洪州.

34 奇宇萬

奇宇萬, 起義於長城.

35 金秀民

金秀民,[134] 起義於長湍.

36 田明雲

田明雲, 韓京城人. 遊覽於美國, 遇須知分於玉蘭市停車場, 以拳鎗射之, 而丸不發. 須知分大驚且怒, 與明雲相搏, 忽有砲丸從後而來, 一中田明雲, 二中須知分, 卽韓國平壤人張仁煥也. 蓋兩人欲殺須知分, 初不相謀而偶於此, 故明雲被其誤中. 須知分入病院尋死, 明雲亦入病院, 訊其故. 明雲曰 : "須知分, 以日國推薦任韓國外交顧問, 食韓祿, 而袒護日本者也. 今日本奪我國權, 吸我財政, 憲兵巡查, 遍滿全國. 故我來美國, 欲修學業, 獻身國家. 今聞須知分通信各處曰, 韓人懽迎日人, 感服日人, 誣衊極矣, 故欲殺此賊." 明雲鎗處卽瘳得甦, 美廷感其愛國, 卽放免.

37 張仁煥

張仁煥, 美國開公判審問, 律有以公憤殺人者特減, 而仁煥之殺須知分愛國也, 故特減死處十五年役. 於是美人各報, 讚嘆韓人愛國熱, 謂韓人此擧, 有騎龍乘天之榮. 有一婦人, 撫張仁煥曰 :

134 저본의 난 외에 "農民"이라고 표기되어 있다.

"是眇少者, 愛國若是其壯, 我美國人亦如此人之愛國可也"云云.

38 李南珪

李南珪, 官至參判. 性勁峻, 能文章. 甲午日使大鳥主介, 以兵入城, 南珪上疏請詰. 其無故, 稱兵蹂躪國交之故. 日人啣之. 在禮山鄉第, 與士友講學, 爲儒林所推重. 至丁未秋, 日人誣以與義兵關通, 拘囚公山獄問: "君欲義兵乎." 南珪仰天笑, 以手指胸曰: "百萬義士在此, 恨不能出." 日人知其不屈, 釋而歸之. 未幾日兵突至, 迫乘肩輿, 拒之不得. 適親忌祭日也. 求緩一夜, 亦不許. 乃驅至溫陽郡平村. 曠野無人, 日兵忽牽之下輿. 拔刀示威. 南珪怒曰: "狗豕速刺我." 日兵卽斫其頸, 罵不絶口乃死. 其子號哭, 手捍刀刃. 日兵亦斫殺之. 擔輿僕夫不勝憤痛, 拾石打日兵, 幷被鎗斃.

39 安重根

安重根, 字應七, 黃海道海州人. 父泰勳進士, 有氣節, 甲午東學亂募鄕兵討之. 重根時年十五, 從軍突擊, 砲無虛發. 乙巳十月遍歷煙台·膠州·威海·上海等地, 以求才俊之可與同事者, 聞父喪還國. 明年春移居平安道三和鎭南浦, 創辦三興學校, 敎育青年. 丁未七月, 伊藤逼禪皇位, 解散軍隊. 重根欲擧義決死, 而日人網羅彌天, 無以濟事. 遂潛赴俄領海蔘威, 以其爲韓人移住最繁之地, 而在日人勢力範圍之外也. 得同志十二人斷指結盟, 日募義勇, 編成軍隊, 得三百餘人. 己酉六月, 遂擧義旗, 由俄領首塗, 越豆滿江, 入慶興郡, 擊襲日人, 交戰三次, 斃敵五十餘名, 進襲會寧郡日兵營. 日人急電各地駐兵, 合至五千, 砲擊甚猛. 重根直犯其衝, 激戰半日, 衆軍援絶彈盡, 遂至潰散. 隨重根者只二人, 嶺路絶險, 追兵甚急, 晝伏夜行, 不食者五日, 從者疲甚, 重根意氣自若. 轉至俄領以爲更圖矣.

至是聞伊藤視察滿洲, 遂與同志禹德淳 · 劉東夏 · 曺道先三人, 偕行至寬城子, 探伊藤來期, 將邀擊之, 而未知何處與彼相見. 德淳 · 道先二人, 留寬城子待之, 重根赴哈爾濱. 伊藤以十月二十五日, 宿寬城子, 詰朝, 由俄國鐵道局派特別火車而迎之, 上午九時, 抵哈爾濱驛, 俄兵警衛者數千, 各國領事團及觀光者羅列如林. 軍樂迭奏花砲競. 伊藤下車, 與俄國大臣握手, 受軍隊敬禮, 徐步向各國領事所. 重根服洋裝, 持拳鎗, 立俄軍之背, 而伺之相距直十步, 突入擧鎗, 一發中伊藤胸, 花砲亂之, 各軍不覺. 再發中肋, 軍警及懽迎團始覺, 而惕走. 三發中腹, 伊藤仆地. 更向日人總領事川上 · 秘書官森 · 鐵道總裁田中三人, 而射之皆倒. 拳鎗之六發連中, 世所未有. 此重根之膽勇射藝, 天下無雙者也. 數千軍隊, 皆散走, 莫敢近. 旣而彈盡, 無砲聲, 各軍始乃聚集, 取重根鎗付之憲兵. 重根卽以拉丁語三呼, "大韓獨立萬歲." 被縛. 重根大笑曰 : "我豈逃者哉, 我欲逃, 我不入死地矣." 伊藤不逾十分即死. 此事傳播, 天下之人, 莫不動色吐舌曰 : "韓國有人." 俄國寫眞師搨重根射伊藤狀, 供世界之奇觀, 日人出六千金購之去. 重根拘至旅順監獄, 縛以鐵索, 虐遇甚. 重根叱曰 : "我大韓義兵將員, 與爾國大官等遇可也, 而加此蠻暴耶." 日檢事每日就獄, 欲以威屈, 盛氣嚴訊, 若將搏殺者, 然重根毫無少撓, 抗辨甚厲. 檢事知其不可强屈, 遂去其縛, 使其解韓語者, 日以甘言誘之, 進美食及紙筆書籍等物, 以適其意. 而日人境喜明 · 園木次郎兩人, 來見誘說, 以誤解自服, 必蒙赦特. 重根曰 : "余欲苟生, 豈有此擧, 余已決死於磤擊伊藤時, 而延至今日, 亦意外也. 我不要生, 爾無誘我." 且笑.

日[135]政府與法院極費商議, 期取其自服, 凡二百餘日之間, 威脅利誘, 出於萬端, 而拒之愈峻. 在獄, 意思閒暇, 或吟詩而自壯書. '人心惟危, 道心惟微', 兩語以自省. 述東洋平和論數萬言, 發表其主義. 日人亦慕其義, 求其筆蹟者多, 而應之不倦, 寫至二百餘幅, 吁其從容矣.

及開公判, 法官訊曰 : "若何以殺伊藤公耶?" 重根曰 : "貴國與俄開戰也, 貴皇帝宣布天下曰, '扶植我國之獨立', 我國人胥感而信之, 祝日軍勝利, 乃克俄之後, 伊藤以兵脅我君臣, 奪我獨立, 此明非貴皇之意, 而即伊藤貪功而爲之. 此世界人道之賊, 而我大韓萬歲之讐, 安得不殺. 余乃大韓義兵參謀將也. 糾集義兵, 且

135 저본에는 '曰'로 되어 있으나, 박은식의 『한국통사』에 의거 '日'로 바로잡음.

購軍艦, 擊殺伊藤, 而復我獨立矣. 適聞伊藤來哈爾濱, 我獨先行而殺之, 則余於敵國卽一被虜者資格, 不當以刑事被告待我也." 乃擧伊藤之十三大罪. 一大韓國獨立破壞事, 二明成皇后弑逆事, 三太皇帝廢位事, 四五條約勒締事, 六敎科書燒却事, 七新聞雜誌禁止事, 八司法權引渡事, 九軍隊解散事, 十無辜良民殺戮事, 十一世界耳目欺瞞[136]事, 十二一千萬元國債募集事, 十三東洋平和攪亂事. 將此各條解說甚長, 而日人恐其洩露, 取而藏之. 痛駁數時, 雄辯滔滔, 目光如電, 傍聽者, 莫不動色. 且叫 : "伊藤, 不獨於我國負擅廢弑逆之大罪, 而在貴國亦有之." 法官曰 : "謂何." 重根曰 : "貴國先皇孝明事." 法官等忽面如土色, 急揮手止傍聽.

及其最終公判後, 謂二弟定根恭根曰 : "我死後埋我骨於哈爾濱公園之傍, 待我國權回復, 返葬故土也." 庚戌二月十六日巳刻, 立刑場, 欣然而言曰 : "余爲大韓獨立而死, 爲東洋平和而死, 死何憾焉." 遂換着韓服, 從容就刑, 時年三十有二.

40 禹德淳

禹德淳, 忠淸道堤川人. 家貧設雜貨商於開城. 聞乙巳保護條約, 遂入海參威, 訪求同志, 與重根斷指決盟. 至是聞伊藤來哈爾濱,

136 저본에는 '蹣으로 되어 있으나, '瞞'으로 바로잡는다.

欲與重根遮要路擊之, 而未知何處與彼相遇. 德淳在寬城子俟之, 重根往哈爾濱, 別淚涔涔欲墜, 情景悲壯, 見者頗異之. 際伊藤來, 巡兵令館主, 閉門止客勿出視, 戒嚴甚密, 計莫能售. 聞火車之聲, 想伊藤已過去矣. 重根被捉而及對簿時, 與重根一樣口吻, 公判處三年役. 日人又恐其將來之行動, 加以他罪, 移囚咸興獄. 德淳遂自刎.

41 安秉瓚

安秉瓚, 義州人. 以法學畢業, 爲平理院主事. 伊藤勒締條約時, 持斧抗疏, 請斬五賊. 時韓人之反對者, 悉被逮捕, 秉瓚拘警廳數月得釋. 爲平安北道裁判所檢事, 旣而嘆曰 : "日人之世, 我其仕乎." 卽棄官歸. 無以資生, 以律師爲業. 至是以重根事, 請韓國律師, 而諸律師皆懼不敢往, 秉瓚慨然應之. 與通日語者一人赴旅順. 日警數人, 急追至停車場, 奪其行李而止之. 秉瓚責之曰 : "我依法律行動, 而欲强制之乎. 以日本警官, 而行此不法. 則日本之無法律也, 非我之辱, 卽日本之辱. 使世界而無所謂法律則已, 苟有法律, 不得如是." 日警辭屈而退. 得以就塗, 而有日憲兵三人, 隨至所經旅館, 必行直守. 保護乎監禁乎. 及其到旅順, 請面會重根, 而不許. 重根之弟, 請以書字通之, 而亦不許. 問其故, 檢事曰 : "爾兄聞韓國律師來, 謂得本國人同情, 詞氣比前愈亢. 若許其面會, 則必發表其主義, 氣焰益甚. 是以不許也." 及其公判之期, 韓國及外國律師, 一槪不許. 秉瓚見法院長眞鍋曰 : "日本每以此等不法加諸韓人, 韓人之激憤, 愈往愈甚. 未知將來有幾百幾千之安重根生焉." 秉瓚屢向法院長以死爭之.

42 曺道先 · 劉東夏

曺道先 · 劉東夏, 在吉林, 安重根來訪, 謀殺伊藤, 俱曰諾, 同行至哈爾濱. 及重根逮捕, 并拘囚數百日處役.

43 李在明

李在明, 平壤人. 幼失父, 年十三, 從西洋宣敎師, 赴美洲, 以勞動得盤資, 回國. 在平壤, 多結有志, 密謀復國. 寺內渡韓之先, 合併之說, 頗騰. 與同志金貞益謀曰 : "日人之强勒締約, 實由我國賊黨, 貪利賣國, 爲彼作倀, 故容易得手. 今吾輩先發制人, 急除賣國賊, 彼之勒約, 或可阻止, 得國命於萬一之幸, 而政府之李完用, 一進會李容九, 賊魁也. 殺此兩賊, 餘賊亦皆知危, 不敢附和締約, 救急之策, 惟此而已." 乃各懷利刃, 渡浿水, 入漢城, 察兩賊之動靜. 適李完用以天主敎會之速賓, 赴鍾峴敎堂, 在明聞之, 粧賣栗商, 燒栗敎堂門外而待之. 見完用出, 遮車抽刃, 而家奴捍之, 刺奴卽斃. 完用墜地, 因乘而刺之, 深入腹. 日巡等急救之, 捕在明置獄, 以殺人律處絞. 完用入醫院治數月, 不死.

44 金貞益

金貞益, 平壤人. 家至貧, 寄傭人家. 服役之暇, 就勞動夜學堂受業, 佩服嘉言善行, 惟恐不及. 事主人甚勤且恭. 而惟命招之妓, 拒而不往. 人以此知其直. 夫聞寺內合併之說, 與李在明入京城, 欲刺殺李容九, 而日伺其便. 及在明之被捉, 亦被搜捕. 懷中出刀擲地曰 : "吾欲以此殺賊救國, 而竟至此耶." 以謀殺處終身役.

45 洪範植

洪範植, 參判承穆之子, 惇行孝悌, 夙勵志節. 乙巳以後, 常慷慨涕泣, 閔忠貞做得好. 是年以錦山郡守, 遭八月合併之變, 密修書付家人, 訣其父, 而傍人不知也. 潛走館宇, 投繯而死, 有遺書在壁曰 : "國破君亡, 不死何爲." 八字也.

46 金道賢

金道賢, 字明玉, 英陽郡人. 慷慨有氣, 與李晩燾爲道義交. 嘗爲國擧[137]義, 以母在而不敢死. 庚戌國亡, 與晩燾欲俱死. 母曰 : "我在忍見乎." 遂不得已而隱忍. 至甲寅十一月母喪, 乃走寧海觀於臺投海, 是月七日冬至也, 年六十三. 囑其子曰 : "無收吾屍.

137 저본에는 '學'으로 되어 있으나, 내용상 '擧'로 바로잡는다.

收之達吾志也." 遠近人士, 來吊者衆, 稱其忠孝兩全. 其家人不食海魚. 夫死或決於一時之頃, 而今歷五年之久, 卒遂所志, 尤不難哉. 其絶命詞曰 : "我生五百末, 赤血滿空腸, 中間十九歲, 鬢髮老秋霜, 國亡淚未已, 親沒心空傷, 萬里欲觀海, 七日當復陽, 獨立故山碧, 百計無一方, 白白千丈水, 足吾一身藏."

47 黃玹

黃玹, 字雲卿, 求禮郡人. 文章氣節, 官冠士林. 有梅泉集行于世, 梅泉其號也. 其友金澤榮爲之立傳焉. 有絶命詞四首, 授其門人, 飮藥而盡. 其詞曰 : "亂離滾到白頭年, 幾合捐生却不然. 今日眞成無可奈, 輝輝風燭照皇天. 楚氛掩翳帝星移, 九闕沉沉晝漏遲. 詔勅今從無復有, 琳琅一紙淚千絲. 鳥獸哀鳴海岳嚬, 槿花世界已沉淪.[138] 秋燈掩卷懷千古, 難作人間識字人. 曾無支厦半椽功, 只是成仁不是忠. 止竟僅能追尹穀, 當年愧未躡陳東."[139]

---

138 저본에 '槿花界已沈淪'로 되어 있는 것을 『梅泉集』에 따라 '世'자를 첨부했다. 글자 출입은 있으나 뜻을 이해하는데 있어 큰 무리가 없어 저본 그대로를 수록하고 번역하였다.

139 『매천집』과 글자 출입이 있으므로 『매천집』의 원문을 수록해둔다. "亂離滾到白頭年, 幾合捐生却未然. 今日眞成無可奈, 輝輝風燭照蒼天. / 妖氣晻翳帝星移, 九闕沉沉晝漏遲. 詔勅從今無復有, 琳琅一紙淚千絲. / 鳥獸哀鳴海岳嚬, 槿花(世)界已沉淪. 秋燈掩卷懷千古, 難作人間識字人. / 曾無支厦半椽功, 只是成仁不是忠. 止竟僅能追尹穀, 當時愧不躡陳東."

48 李晩燾

李晩燾, 眞城人. 官承旨, 退居田里, 合邦絶食而死.

49 李範晉

李範晉, 完山人. 時駐俄公使, 聞合邦飮藥死.

50 潘學榮

潘學榮, 宦官.

51 李載允

李載允, 完山人. 官承旨, 發狂至奉天, 舁病而還卽殞.

52 宋鍾奎

宋鍾奎, 恩津人, 官承旨.

53 李中彦

李中彦, 眞城人, 官正言. 絶榮塗三十年, 合邦飢死.

54 宋道淳

宋道淳, 恩津人, 官參判.

55 金奭鎭

金奭鎭, 安東人, 官判書. 不受爵金死.

56 鄭□□

鄭□□, 金溝郡人, 官參判.

57 白□□

白□□, 興德郡人, 官議官.

58 宋益勉

宋益勉, 官議官.

59 鄭在楗

鄭在楗, 官正言.

60 金智洙

金智洙, 官監役.

61 李□□

李□□, 報恩郡人, 官監察.

62 宋完命

宋完命, 同福郡人.

63 金天述

金天述, 泰仁郡人.

64 金永世

金永世, 泰仁郡人.

65 鄭東植

鄭東植, 益山郡人.

66 許□□

許□□, 善山郡人.

67 李□□

李□□, 文義郡人.

68 朴□□

朴□□, 忠州郡人.

69 趙章夏

趙章夏, 公州郡人.

70李學純

李學純, 連山郡人.

71 吳剛杓

吳剛杓, 全義郡人.

72 金永相

金永相, 泰仁郡人.

73 李根周

李根周, 洪州郡人.

74 趙鼎九

趙鼎九, 豊壤人. 官參判. 鳳夏孫, 東奭子, 痛斥男爵金, 自刎而死.

75 李相卨

李相卨, 素以才學負輿望. 任議政府參贊, 未幾遇伊藤要約之擧, 與參政韓圭卨同心, 而參預會議之權限, 故只密贊參政, 以爲抗議之後援, 乃見約成, 痛哭出府. 更無挽回之萬一, 而猶幸該約未經奏准也, 乃拒疏直言. 其後有海牙平和會, 與李儁受密勅渡俄. 見會議長, 三人, 備說伊藤之勒奪條約之事, 歷訪英米佛委員, 又與新聞記者, 悉載韓國事實. 七月五日詣平和會, 呈控詞, 各國人縱諒其苦衷, 而未有以處之, 相視無言, 終乃却之. 李儁憤劇頓死, 相卨走之美國.

76 張箕錫

張箕錫, 星州郡人. 爲人儻直, 刻心四十始讀書, 能於文. 每抗日人不法之事逮捕. 大邱警獄着靑衣, 卽脫而投地, 赤身而坐. 日警感其義, 受舊衣, 以飯饋之. 箕錫怒罵曰 : "豈食讐國之粒?" 不食屢日, 氣息奄奄, 日人以牛乳灌口, 至於拉齒而不飮. 滿口腥血淋漓, 氣盡而死. 載尸還家, 白衣隨哭者數百. 士林禮而葬之.

77 安明根

安明根, 重根之從弟也. 慷慨有氣有迺兄之風. 至是日本實行合倂, 憲兵巡査, 羅織嚴密. 道路以目, 莫敢偶語. 爲愛國黨者, 將殄滅之無遺育. 而自哈爾濱事發, 重根一家, 尤被鍛鍊. 憲兵巡査, 日叩其門, 探其出入, 詰其意想. 無異獄吏之監罪人. 然明根不以此少挫, 陰結壯士, 密辦武器, 欲於火車之要路, 襲擊寺內. 計劃旣定, 將不日行之, 而不意事洩, 猝被逮捕. 入法庭對簿, 法官訊其所以, 明根曰 : "爾不識在哈爾濱殺伊藤之安重根乎. 此吾兄也. 吾欲繼吾兄之志, 殺寺內復國仇耳." 法官曰 : "爾托以國事, 募集金錢, 取人之不肯, 非盜而何." 明根曰 : "爾等强奪我二千萬衆抵死不肯予之邦國, 眞天下之巨盜. 吾欲除此巨盜, 以救吾國, 以伸天下之公理者, 奈何謂盜." 法官不敢復詰, 遂以謀殺未遂, 處終身役. 于是傍聽者皆曰 : "皆安義士. 難兄難弟, 倂耀千古矣." 日人因安重根事, 欲滅愛國黨, 屢起大獄, 至是, 又欲痛勦之. 金鴻亮·金道熙·高貞華·李尙眞·李承吉·朱鎭杓等百餘, 被逮入獄. 又地方紳士之稍有財産及風力者, 雖名不掛黨籍, 而亦以累逮捕, 西海一道之名門大家, 無一能免.
進士申錫忠, 松禾郡人. 七世同居, 家口數百. 世饒財産好行其德, 遇凶歲賣穀, 減價以予之. 賙窮恤患, 澤及遠近. 雖以東學黨之恣行搶掠, 相戒勿入. 其懿行淳德, 處此末俗, 實爲鳳毛麟角. 至是, 日人忌其家聲, 誣以連累, 捕錫忠及其從兄某. 二人義不受辱, 倂自殺.

78 金鴻亮

金鴻亮, 安岳郡人. 以富家子, 志氣不凡. 遊學日本, 畢業歸家, 捐家財, 辦學塾, 廣育靑年. 又欲開農事模範場, 集巨款, 經始而忽被逮. 搆稱接濟明根, 又加他罪, 處十五年役.

79 金斗源

金斗源, 元山港商民. 光武二年, 往蔚山貿鹽一千八百餘斗, 裝載日人木村源一郞會社之船. 到鬱島止宿, 木村乘船潛逃. 斗源因以敗業, 呼訴外部, 請交涉徵賠金. 外部屢照日館, 而無答. 及日人船至洪川長古島, 觸石敗沒, 林權助陛見奏請, 支撥償金三千元也. 斗源聞之奮曰 : "彼船觸石而破, 徵賠我國, 而日人盜我鹽者, 無賠乎." 遂日訴外部, 見日使至, 輒大聲呼曰 : "何不償我鹽價." 日使苦之. 每至外部, 輒問斗源在否, 乘間徑出. 斗源更訴, 日館書記國分象太郎, 欲以强詞拒之. 斗源怒叱曰 : "爾以長古島觸礁之船, 徵賠我國, 而爾日民偸我鹽, 不欲賠償耶." 國分等辭屈, 退而相謂曰 : "使全韓人民, 皆如斗源者, 國强無敵矣." 日使乃以金三百元, 送外部曰 : "此斗源恤金." 斗源却曰 : "我所當徵者鹽價, 而恤金何謂. 我豈以日人恤金而生者乎." 七年三月日使照覆曰 : "所謂木村源一郎者已死, 家産亦無存, 無處徵出云." 斗源益怒, 六月二十三日, 逢日使黃土峴街上, 而詰鹽價, 日使拒之. 斗源忿激大喝一聲, 蹴日使墜車, 觀者如堵. 日使迁怒我外部曰 : "此貴政府嗾斗源辱我至此." 遂處斗源三年役.

80 金奭鎭

金奭鎭, 不受男爵自殺.

81 趙鼎九

趙鼎九, 不受男爵自殺.

82 權潚

權潚, 字景淳, 安東人. 丹陽郡守剃髮, 不應軍需, 被殺.

83 金奎軾

金奎軾, 字友若, 淸風人. 忠州觀察使被殺.

84 徐相耆

徐相耆, 字與潞, 大邱人. 淸風郡守, 被殺.

85 李偰

李偰, 延安人. 起義於洪州.

86 金福漢

金福漢, 安東人. 起義.

87 李耕植

李耕植, 宮內府大臣, 被日兵刺斃.

88 奇宇萬

奇宇萬, 起義於長城.

89 洪啓薰

洪啓薰, 侍衛聯隊長. 聞變入闕, 見日軍. 訓鍊隊攔入爲亂, 厲聲叱之, 被日兵所殺.(乙未八月二十日變)

90 孟英在

孟英在, 與同志金伯善, 起義於砥平.

91 柳麟錫

柳麟錫, 忠清道堤川郡人. 與其門徒, 倡起義軍. 傳檄四方, 鉏耰棘矜, 奮於隴畝, 與日兵交鬪, 互有殺傷.

92 鄭□□(鄭鏞基)

鄭□□, 字寬汝. 素有才略, 見國事日非, 以備外患之計, 親造火藥戰俱. 起義追擊日兵紫陽面立巖, 力盡而死.

93 鄭□□(鄭煥直)

鄭□□, 字佐謙, 寬汝父也. 子死後, 擄保賢山, 衆至數千, 轉戰至義興大栗里, 與日兵互有殺傷. 被執還至永川, 砲死於朝陽閣下. 世居永川, 篪叟[140]之后也. 或云至淸河寶鏡寺, 力不能當, 謂諸人曰: "由我而殺傷人民, 無報於國家." 解送軍卒, 被執還. 至永川, 日人諭之不屈, 堅坐受砲, 血盡面白, 終不仆而坐. 日人禁之, 家族不敢收屍, 遠處義兵, 聞之來會循葬云.

94 柳□□

柳□□, 安東河回人. 年老耳聾, 合邦月餘, 始聞卽死.

95 酒嫗

酒嫗, 設店路傍. 多聞合邦驗說, 嫗問合邦是何事. 人曰: "國亡." 嫗嘆曰: "無國則何恃而生乎." 一日行人請酒方斟酌. 人謂傍人曰: "昨日合邦." 嫗驚動曰: "合邦." 盃未交手而卽殞. 余在國時, 人傳此報, 今老昏忘其居住姓名, 壯而悲之, 記其末.(醫云, 暴驚則腦後脈絶)

140 篪叟 : 저본에는 "箎叟"로 되어 있으나, 사실 관계 확인 후 "篪叟"로 바로잡았음.

96 鄭寅奭

鄭部將寅奭, 居益山, 往全州, 登拱北樓, 罵倭將, 縊樑而死, 有遺書.

97 金光遠

金博士光遠, 居益山. 袴裡充沙, 溺井死, 有遺書.

98 張某

張承旨某, 絶食七日死.

99 朴某

朴學者某, 年七十, 弟子數百人. 絶食而招弟子, 以待畢來, 每日含磁石, 一次最唾吮之. 至二十一日死, 有紫光三日不絶.

100 南命稷

南命稷, 蔭仕. 移海尾自刎死, 本京人.

101 柳東說 · 梁起鐸 · 安泰國

柳東說 · 梁起鐸 · 安泰國, 謀殺寺內而反被殺.

102 姜宇奎

姜宇奎, 出生於平安南道成川郡武陵面齊南里, 至三十三歲移住於咸鏡南道洪原郡龍川面英德里. 數十年來爲耶蘇教長老, 經營私立學校於同志, 教育英俊子弟. 合併後明年春, 渡北間島, 居두다溝,[141] 歷覽于吉林省 · 西伯利亞 · 連海洲 · 黑龍省等各地, 而吉林省遼河縣新興洞, 朝鮮人私立廣東學校設立. 己未陽三月一日, 朝鮮京城韓國獨立宣言時, 參海參威朝鮮老人團. 同年五月聞新總督來, 將爲襲擊, 求彈丸一個, 學使用於露國人. 同年六月十一日乘汽船, 十四日朝元山港下陸, 翌日同府光石洞街路, 與露領同苦人崔子南...

141 원문에 지역명이 한글 "두다"로 되어 있다. 이는 노상익이 지역명 "頭道"의 중국어 발음을 한글로 적은 것이다. 溝는 중국의 행정구역 단위이다.

壬午六月以後浪死人

임오유월이후낭사인

- 원문 -

1 李最應

領相李最應, 壬午六月十日, 爲亂軍鎚殺.

2 金輔鉉

宣惠堂上金輔鉉, 同日亂軍入闕時, 所殺.

3 閔謙鎬

御營大將閔謙鎬. 時三軍失餉, 逾十三月, 而執權者金·閔諸臣, 徒欲肥己, 而不念軍民, 衆怨徹天. 六月九日, 撥廣興倉米, 頒一月軍餉. 而倉吏謙鎬私人也, 弄奸牟利, 以陳腐給之, 而石不滿十斗. 衆訴於謙鎬, 反被叱退. 衆怒大激, 訓練之卒, 首倡殺倉吏. 各營軍卒, 破武庫出軍器, 入闕殺謙鎬, 至於虛發國喪之令.

4 李會正 · 趙采夏 · 鄭顯德

李會正·趙采夏·鄭顯德, 王后還御後, 已上三人, 以大院君親任, 并賜死. 七月.

5 李祖淵 · 尹泰駿 · 韓圭稷

左營使李祖淵, 後營使尹泰駿, 前營使韓圭稷, 已上三人, 密謀通知於淸營, 玉均等, 使生徒引致後堂而殺之.

6 閔泳穆 · 閔台鎬 · 趙寧夏

海防總管閔泳穆 · 輔國閔台鎬 · 輔國趙寧夏. 甲申十月, 日黨金玉均 · 朴泳孝 · 徐光範 · 洪英植 · 徐載弼 · 朴泳敎等, 欲殺淸黨大臣, 脅上移御, 矯詔召入已上三人殺之. 十月十八日.

7 洪英植 · 朴泳孝

洪英植 · 朴泳孝.[142] 同月十九日, 淸將袁世凱, 聞闕內危急, 率兵入闕. 韓武藝衛士及別抄軍, 始得入衛奉駕, 向淸陣. 玉均等逃去, 惟英植 · 泳孝留在, 挽御衣阻之. 衆軍曳出英植 · 泳孝, 斫爲肉泥. 於是命, 搜捕日黨之族屬及行凶生徒李昌奎 · 徐載昌 · 吳昌模等十一人, 誅之.

142 저본에는 이 두 사람의 이름 위 난 밖에 "犯逆"이라고 적혀 있다.

8 金玉均

金玉均.[143] 甲午三月韓人李逸稙·洪鍾宇等, 渡日本欲殺國事犯, 玉均知機, 逃中國上海, 爲洪鍾宇所刺殺.

9 金鶴羽

法部協辦[144]金鶴羽, 被殺於金國善·韓祈錫之手, 李埈[145]鎔爲坐魁. 而金國善·韓祈錫·朴準陽·李泰容等, 處絞. 李埈鎔流喬桐島. 盖此獄日人排斥大院君事也.

10 李耕稙

李耕稙, 乙未八月二十日, 宮內之變, 以宮內大臣, 爲日兵所殺. 時政府親俄黨派, 因緣宮中, 陰爲排斥日黨, 占據政權之圖. 日人將居失勢之地, 故日公使三浦梧樓, 主其謀弑, 有國母之變也.

143 저본에는 김옥균의 이름 위 난 밖에 "犯逆"이라고 적혀 있다.
144 저본에는 "協判"으로 되어 있으나, "協辦"으로 바로잡는다.
145 저본에는 "玻"으로 되어 있으나, "埈"으로 바로잡는다.

11 李道徹

李道徹, 曾經平壤鎭衛隊大隊長也. 乙未十月十二日, 李範晉等三十餘人, 與西洋人五名, 會於訓練院誓爲國母復讐, 以道徹爲指揮官, 募集軍兵及壯士數十人. 從北墻門春生門兩路進入, 欲襲內閣. 內閣知其謀, 以中隊長申羽均揮兵拒之. 道徹以魁處死.

12 林最洙

林最洙, 亦以魁處死.

13 金弘集

總理大臣金弘集. 建陽元年丁酉十二月十一日, 上移御俄使韋貝館, 卽命警務官安桓, 殺弘集警務廳門前. 乙未八月之變, 日人杉村濬, 密訪弘集, 不無謀弑之罪.

14 鄭秉夏

農商大臣鄭秉夏,[146] 亦同時殺之. 內相兪吉濬, 投入日兵中, 得免. 乙未八月之變, 秉夏其時以農商工部協辦, 變出前日夜, 入宮

146 저본에는 정병하의 이름 위 난 밖에 "當死"라고 적혀 있다.

伺察王后動靜力奏. 日兵之入闕, 欲爲保護聖躬, 臣已揣知, 少無疑懼. 遂防阻后出避之計.

15 魚允中

度支大臣魚允中, 聞弘集·秉夏死, 馳入該部, 畧整賬簿, 授其部僚後, 下保恩鄕第, 至龍仁爲亂民所殺.

가

나

다

마

아

자

차

파

하

저자 소개

노상익 盧相益(1849~1941)

자는 치삼(致三), 호는 대눌(大訥) · 모헌(某軒) · 이사노인(梨社老人) 등. 사헌부전적 · 홍문관시강 등의 청직을 역임하였고, 일제에 의한 강제 합방 이후 서간도로 망명하여 군자금 모집 등의 활동을 하다가 1922년 귀국한 뒤 서거할 때까지 두문불출하며 절의를 지켰다. 2017년 독립유공자로 선정되었다. 『대한망국사열전』은 그의 망명 활동 시기에 저술된 것이다.

역자 소개

정은주 鄭恩周

한국한문학 전공, 현 성균관대 한문학과 강사. 저서에 『낙하생 이학규 문학의 심층 연구』, 『철로 위에 선 근대 지식인(공역)』이 있다.

김진균 金鎭均

근대한문학 전공, 현 성균관대 국문과 강사. 저서에 『한문학과 근대전환기』, 『모던한문학』 등이 있다.

이은영 李恩英

근대한문학 전공, 현 성균관대 한문학과 강사. 저서에 『요동의 학이 되어』, 『한국 독립운동과 암호』 등이 있다.

대한망국사열전

2020년 7월 6일 초판 1쇄 발행

지은이 : 노상익
엮은이 : 정은주 · 김진균 · 이은영
펴낸이 : 김병환
펴낸곳 : 학자원
주　소 : 134-814 서울시 강동구 천호대로 1121
전　화 : 02) 6403-1000
팩　스 : 02) 6338-1001
E-mail : hakjaone@daum.net
등　록 : 2011년 3월 24일 제2011-14호

HAKJAONE Publishing Co.
1121 Cheonho-Daero Kangdong-Gu Seoul

ISBN 979-11-6247-184-5 93910
값 25,000원